シングルマザー、その後

黒川祥子

集英社新書ノンフィクション

目次

はじめに

この世界のどこにも、自分が繋《つな》がっているという感覚がない。足元は雲のようにふわふわで実体はなく、手を伸ばしても虚《むな》しく空を掴《つか》むだけ。虚空にたった一人、苦しさで胸をかきむしりながら、のたうち回る。

このような経験を、あなたはしたことがあるだろうか。

二十数年も経《た》ち、正直、あの名づけようがない時間を正確に表現できるか心許《こころもと》ないが、たとえ一端であっても、言葉にしてみようと今、初めて思っている。それは、私だけの経験ではないと思うから。きっとどこか、似たような苦しみや傷を持つであろう、あなたに向けて、私自身のシングルマザーとしての「はじまり」を話したい。

シングルマザーとしての「はじまり」

事実婚だった夫に、恋人がいることが発覚した翌日のこと。一度目のお泊まりで、私は直観した。本人からその事実が告げられたとき、一瞬にして、自分の尊厳といったものがだるま落としのように蹴り倒され、私は何の価値もないぼろ雑巾なのだと知った。

それはかつて、体験したことのない感覚だった。この世界のどこかに、もたれかかることも、寄りかかることも、踏みしめることも、立つことも、何もできない。世界と繋がるフックを、私はすべて失った。軸を失ったコマのように無軌道に感情が揺れ、苦しみに押しつぶされそうな心の底からふりしぼるように「助けて」と念じても、思いはどこにも届かない。

世界からこぼれ落ちてしまったという感覚、それは恐怖以外の何ものでもない。

ふと思う。これが、「狂う」ということなのか。

じっとしていることに耐えきれず、衝動的に電車に飛び乗った。どこをどうやって帰ってきたのか、最寄り駅の改札を出て歩き出した瞬間、一つだけ、世界との繋がりが戻ってきた。

子どもだった。一二歳と四歳の二人の息子。

「ああ、私には二人の子どもがいるじゃないか。無条件に、私を愛してくれる存在が……」

そう思えた途端、冷えきった身体《からだ》に、あたたかな血液がじんわりと流れ出した。

そうか、私は子どもの手すら放してしまっていたのだと、そのとき、初めて気がついた。

私は何をやっていたのだろう。最も放してはいけない存在を、たとえ数時間であっても、ないものにしていたなんて……。

子どもという媒介を得て、世界とかろうじて繋がった感覚を取り戻したものの、ぼろ雑巾であることも裏切られた事実も変わらない。長男が小学六年生、次男が保育園年中の夏、私の精神は軋《きし》み出した。

ＰＴＡ役員だったため、会費を徴収するのだが、八軒ほど回った後に訪ねた、前役員に言われた。

「なんで、この金額なの？　全然、違うよ」

言われるがまま、再徴収に動いた。何で？と言われても、理由などわからない。銀行に行けば、三回は出直さないと、一つの用事が終わらない。実生活での能力が落ちた分、嘘《うそ》を見抜く感覚だけは研ぎ澄まされた。瞬間、嘘がわかる。嘘をつく人は顔が醜いから。

また今日も、首都高が三時間渋滞したのだ。クライアントからもらったという、Tシャツ。そんなわけがない。小さな嘘が、ゴミ溜《た》めのように部屋中を埋め尽くす。一分一秒ですら、じっと座っていられない。不安という刃《やいば》が身も心も切り刻み、苛《さいな》み続ける。

やがて、心療内科の薬を服用するようになった。抗不安薬と精神安定剤、そして睡眠導入剤。どれも必要なものだった。

夫に子どもを預けて出かけた地方取材は、インタビューの前に精神安定剤をガリガリ噛《か》んで臨むというものだった。そうじゃないと、溢《あふ》れる感情や涙を制御する自信がなかった。満身創痍《そうい》の情けない取材だったが、よく書けたと思う。ライターの仕事に支障をきたすことはなかったと思っているが、実際はどうだったのだろう。

原因は自分にもあったのだと思い、やり直そうと努力もしたが、「首都高が三時間渋滞」などと繰り返される嘘に耐えきれず、別居を決め、その流れのまま別れることとなった。

当人同士の話し合いでは埒《らち》が明かず、二〇万円を払い、弁護士を立てた。弁護士のおかげで話し合いがスムーズに進み、子ども一人につき月五万円、計一〇万円の養育費を、二人が社会人になるまで支払うという合意を得た。長男は私の連れ子で彼との血縁はないが、二人の息子に「差」をつけることがなかったことには感謝した。

フリーライターの収入だけでは生活が厳しいため、広告代理店で週三日のアルバイトを得た。業務は医療器具のキャッチコピーを考えるコピーライター。九時から一八時までの勤務で日給は一万。一時間強の通勤電車内で過呼吸になり、涙が止まらなくなりながらも、元夫への「憎悪」を糧に生きていた。

正直、ライターを辞め、会社員になることも考えた。しかし、先輩のルポライターから「あなたは筆を折ってはいけない」と強く説得され、思いとどまった。その後、彼女は大きな仕事を私に譲ってくれた。

弟の保育園のお迎えは兄が担い、二〇時の帰宅と同時に食事を作り、三人で食卓を囲んだ。不安定な精神状態の母親の代わりに、兄が弟を守っていたと思う。父親がいない家族の「歴史」を新たに刻んでいこうと、夏休みには三人で旅行にも行った。

広告代理店は超過勤務を要請されたため辞めることにし、次男にチック症などのメンタルに起因する症状が現れたため、できるだけ一緒に過ごせるよう、フリーという不安定就労の道を選んだ（四〇歳という年齢で、正社員雇用される道があったかどうかは定かではない）。

子どもとの時間は戻ってこない。発達障害の傾向もある次男に、できるだけ寄り添いたいという思いからの決断だった。チックの原因に、私の不安定さがあったことは間違いない。四歳から六歳という大事な時期、母に甘えたくても母は自分のことでいっぱいだった。足りなかったものを、存分に与えたかった。

生きる糧としていた「憎悪」を手放したのも、その頃だ。自分が被害者でいる限り、私自身の人生を歩めない。むしろ毎月、きちんと養育費を入れてくれることに感謝して生きていこうと決めた。

念願だったノンフィクションの仕事に辿《たど》り着くことができ、「家族内殺人」事件を立て続けに手がけるようになったのは、母子家庭になってから三年、四〇代前半のことだった。

子どもの成長という喜びとともに、犬も家族に加わり、犬を中心とした三人の暮らしは楽しく、笑いの絶えないものとなった。つくづく思った。外ではいろいろあるけど、家の中にいる限り、幸せだなーと。

振り返れば、このときはまだ二人とも義務教育期間で教育費はかからず、就学援助もあったし、何より児童扶養手当という大きな支えがあった。こうした福祉の支えがあったからこそ、穏やかな日々が可能だったのだ。

母子家庭の暮らしに暗雲が垂れ込めてきたのは、次男が都立高校の入試に失敗し、私立高校に通うようになってからだ。入学金と学費は、無利子の東京都母子福祉資金を借りることができたが、元夫が「なぜ、都立に行かせないのか！」と激怒、ここから養育費が途絶えることとなった。好きで、私立に行ったわけではない。

私立高校の高額な授業料と養育費の消失で、生活は一気に苦しくなった。世は、高校の授業料無償化以前のこと。

長男は都立高校から難関私大に合格。「国の教育ローン（教育一般貸付）」を借り入れて初年度納入金を支払い、翌年からの学費は奨学金とアルバイトで長男自身が支払った。ただ、この時期はまだ、次男が一八歳未満だったため、児童扶養手当という支えがあった。

生活苦に喘《あえ》ぐようになったのは、次男が高校を卒業し、児童扶養手当という福祉のセーフティネットが消失してからだ。次男は現役での合格は叶わなかったが、理系に進みたいと浪人の道を選び、予備校できちんと学ぶことを望んだため、「国の教育ローン」を借り入れ、その授業料に充てた。

二〇一三年に開高健ノンフィクション賞を受賞したことで、賞金を教育ローン返済の一部に充てることができたなど、ホッとした時期もあった。受賞したことで仕事の依頼は増え、忙殺されるようになったものの、ノンフィクションという仕事の、かけた時間と労力と手にする対価のあまりにもアンバランスな実態に、本を出しても苦しい日々が続くことに変わりはなかった。

ローン返済の負担も大きく、未払いの養育費を回収しようと弁護士に相談し、「養育費履行」を求める内容証明を元夫に送ることになった。算出された未払金の総額は、約三四〇万円。これがあれば、どれだけ生活への不安が解消されていたことか。もちろん、無視されて終わりだ。離婚時、二〇万円（繰り返すのは、この金額を払うのが当時、非常に大変だったからだ）を払って頼んだ弁護士は、養育費の取り決めを公正証書にしていなかったため、取り立ての強制力は一切なかった。この事実も、この時点で知った。当時の精神的混乱で、合意文書の確認すらしていなかったのだ。

元夫は時折、息子たちと会って豪勢な食事をご馳走《ちそう》したり、小遣いをあげたりしたことはあっても、二人の学費についてはビタ一文、支払ったことはない。

女性の貧困元年

「黒川さん、女性の貧困元年っていつだと思います？」

二〇一七年夏、大阪・梅田の喫茶店で、懇意にしていた神戸学院大学教授（当時）で社会学者の神原文子《かんばらふみこ》さんから発せられた問いだった。この言葉が、私の認識を根底から変えたと言っても過言ではない。そして、ここから本書は生まれたのだ。

女性の貧困は仕組まれたものだった。それも、男女雇用機会均等法ができ男女平等が実現したと思った年——一九八五年に、用意周到に制度が組み込まれていった。この事実を知ったときの衝撃を、今でも忘れない。

はっきり思った。毎月、教育ローンの返済に追われる、今の生活苦には理由があったのだ。私が悪かったわけではないのだ。なのに、なぜ、こうも社会に対して負い目を抱いていたのだろう。

「子どもの貧困なんて、本当にあるの？　貧困なんて言うのなら、大学に行かせなきゃいいじゃない」

大学時代の友人から発せられた言葉だ。浪人中の次男にはしっかりと目標があった。小学生時代、発達障害のためなのか、文字がなかなか読めなかった次男が成長し、夢のために大学を志す。それを親の都合でやめさせるなんて、あまりにも残酷だ。

「黒川さん、それでいいの？　うちは年金もあるし、夫もいるし、生活、全然大丈夫なんだけど。息子が会社を辞めるって、認めていいの？」

一部上場企業に就職した長男が会社を辞め、半年間、アメリカへロングトレイルに出かけることを知ったママ友から、こんな言葉が返ってきた。認めるも何もない。それはひとえに長男の意思であり、彼の人生だ。

これが私たちシングルマザーへの世間の認識なのだと、苦汁を飲んで生きてきた。しかし、私たちの苦しみには理由があったのだ。男性に扶養されない女性を想定していない日本という国の政策により、シングルマザー及びシングル女性の貧困は作られてきたのだ。悔しかった。理不尽さに震えながら書き上げたのが、「アエラ」(二〇一八年二月一九日号、朝日新聞出版)に寄稿した記事だ。編集部がつけたタイトルは、「我が子が18歳を超え困窮するシングルマザー『子に教育を』となぜ望めない」。

まさに! なぜ、シングルマザーは子どもを大学まで進学させることに、これほどの困難を強いられているのか。その隠された仕組みを暴くのが、本書の一つの目的だ。

さらに、神原さんは恐ろしい未来予測を教えてくれた。

「これまで高齢のシングル女性は死別がほとんどでしたが、今後、離別が逆転するでしょう。そうなると、子育てを終えたシングルマザーの貧困が問題化してくると思います」

私たちの未来に、何が待っているのか。なぜ、そんな未来しか、私たちの前には存在しないのか。そのカラクリも本書できちんと見つめたい。

社会の子ども

本書で最も大事だと思うのは、取材に応じてくれた、六人のシングルマザーの生きざまだ。彼女たちが子どもを思い、どれだけ必死に生きているのかをありのまま見ていただくことで、当事者同士が繋がりあっていくきっかけにもなって欲しいし、多くの方にその人生に寄り添って欲しいと切に願う。

韓国では、「ひとり親家庭」への理解教育があるという。ひとり親がどんなふうに苦労して子どもを育てているかを知ることによって、社会全体でひとり親家庭を支えていこうという気運を、国を挙げて醸成している。

韓国の支援策については本書で触れるが、実態を知れば知るほど、韓国のように日本が変わってくれればと何度、痛切に思ったことだろう。誰もがひとり親家庭を認め、支えていこうと思える社会に舵《かじ》を切る一助に、本書がなれればという願いもある。

声を大にして言いたいのは、これは決して、シングルマザーだけの問題ではないということだ。私たちが感じる、生きづらさの理由の一つに、女性が分断されていることがあるのではないだろうか。男性に比べて、これほどまでに不利な状況に置かれている日本の女性たちが、立場を超えて繋がりあえれば、何かが変わるのではないか。

男性に対しても、同じだ。さまざまな家庭や生き方を認めあう多様性のある社会こそ、生きやすい状況を作るのだと思う。社会を構成するメンバーとして、シングルマザーがどんな日々をどんな思いで送っているのかに耳を傾けて欲しい。この国が女性を分断してまで作っている、「男性大黒柱」の家庭など、男性にとっても窮屈なものなのではないか。

お互い、多様性を認めて、もっとラクに生きやすい社会にしたい。子どもは〈社会の子ども〉（フランスの哲学。後述する）として、みんなで育てていく社会にしたい。行き着く思いは誰もが一緒だと願い、これから書き始めていこうと思う。

第一章
子育ての後に、待っていたもの

子どもの貧困が叫ばれて久しい。二〇二〇年七月に発表された「2019年 国民生活基礎調査」によれば、二〇一八年の子ども（一七歳以下）の貧困率は、一三・五％。前回の調査（二〇一五年）より〇・四ポイントほど改善したものの、約七人に一人の子どもが貧困状態にあることに変わりはない。

二〇一三年には「子どもの貧困対策推進法」が成立し、子どもの貧困という事実が可視化されてきているものの、社会の眼差《まなざ》しはいまだ、〝現実〟には届いていないもどかしさもある。

それを象徴する、ある騒動があった。貧困を訴える女子高生をテレビ番組で見た人たちが、「スマホを持っている」「友達とランチをしている」などの理由で、「どこが貧困なのか」と声高になじり、SNSで女子高生叩《だた》きが行われて炎上、その挙げ句に自宅まで暴かれ、勇気を持ってカメラの前に立った女子高生は深く傷つくこととなった。この騒動に拍車をかけたのが、片山さつき参議院議員がツイッターで批判を展開、番組を放送したNH

Kに説明まで求めたことだった。

なぜ、このようなヒステリックな事態となったのだろう。

これはひとえに、「相対的貧困」と、「絶対的貧困」の区別を知らないという〝無知〟に起因する。「相対的貧困」とはその世帯の所得が、その国の等価可処分所得（世帯全体の可処分所得を世帯人員の平方根で割って調整した数値）の中央値の半分に満たない状態を指す。すなわち、その国や地域の相対的な基準で比較して、大多数よりも貧しい状態にあることを示すものであるから、食べ物や家がないなど、人間として最低限の生存条件を欠くような「絶対的貧困」とは別物である。ちなみに、「可処分所得」とは、給与などの所得から税金などを差引いた残りの手取り収入のことだ。

お金がなくて自分が希望する進路が選べなかったり、学校で必要なパソコンを買うことができなかったり、平均的な家族ができ得ることをできない状態を「相対的貧困」と言うのであって、今の時代、高校生がスマホを持つのは当然のことだし、コンサートのためにアルバイトもする。このような行為が可能だからといって、貧困ではないと決めつけることは、他者への理解や共感の欠片《かけら》も見られない、恥ずべきことだと私は思う。

この女子高生をはじめとする「子どもの貧困」はすなわち、「親の貧困」を意味するものだ。先ほどの調査によれば、相対的貧困にある世帯の割合は、全体の一五・四%となっている。子育て世代に注目すると、「子どもがいる現役世帯で大人が二人以上」の貧困率は一〇・七%だが、「子どもがいる現役世帯で大人が一人＝ひとり親世帯」は四八・一%と極端に高くなっている。

ひとり親世帯の貧困がくっきりと際立っているわけだが、ひとり親世帯の約八六%が母子世帯であることを考えれば、シングルマザーの貧困が極めて深刻な状態にあることがわかる。二人に一人のシングルマザーが、貧困に陥っているのだ。

先の調査によれば、母子世帯の平均所得額は三〇六万円で、八六・七%が「生活が苦しい」と回答している。

九割近くのシングルマザーが生活苦を訴えているのに放置され、コロナ禍においても数回の給付金で、国は「やった感」を出して済ませている。

先進国（もはや、日本をそう呼んでいいのかどうか）において、こんな国は他にはない。OECD（経済協力開発機構）諸国との比較で見ると、日本の子どもの約八人に一人がひとり親世帯で生活していることは、ＯＥＣＤ諸国でも平均的な数値だが、ひとり親世帯の就労率を見ると、日本はＯＥＣＤの中でもトップクラスの八〇％強となっている。母子世帯だけを見ても、八一・八％が就労しているというのは、異例の高さだ。

一方、「相対的貧困率」を見てみると、日本のひとり親世帯の貧困率は、最も低いデンマークが九・三％、格差の拡大が深刻なアメリカでさえ四五・〇％という中で五〇・八％と、ＯＥＣＤ諸国の中でイスラエルやチリを抜いてトップとなっている（二〇一四年のＯＥＣＤ調査）。

日本のシングルマザーは世界で一番、働いている。にもかかわらず、世界で最も貧困に喘いでいる。他の国では達成できていることを、この国はやっていないということを数字は客観的に示している。

このような国で、シングルマザーたちは仕事をし、子どもを育てている。働いても働いても、ラクにならない暮らし。それは個々のシングルマザーの甘えのせい？　怠けのせい？　断じて、違う。繰り返すが、日本のシングルマザーは世界一、働いているのだ。これ以上、どうしろと言うのだろう。

だからこそ、まずはシングルマザーたちの声に耳を傾けて欲しい。

登場するシングルマザー三人は皆五〇代、子育てがようやく終わる、あるいは終わったという年代にあたる。そんな彼女たちの前に横たわっている現実は、どのようなものであるのかを見つめて欲しい。

水野敦子　なぜに、私が多重債務者に……

その女性は、意を決したように顔を上げた。膝の上で固く組んだ両手が、彼女の決意を示していた。

「原因は、教育ローンです。結局、自己破産するしかなくなりました」

水野敦子さん（仮名、五六歳）はそう言い終えて、唇を噛んだ。長身でスラリとした体型、ナチュラルなメイクに、飾り気のない服装。真っ直《ます》ぐに目を見据えて話す仕草に、真面目な人柄がうかがえた。

まさか、目の前に座る楚々《そそ》とした女性の口から、「自己破産」という言葉が出てくるとは……。それも、第一声だ。自己破産に抱く自分の勝手なイメージと、敦子さんの醸し出す雰囲気がどうしても重ならない。

敦子さんは今から一八年前、夫の浮気に振り回され、離婚を決意した。このとき、長女は小学二年生、長男は四歳だった。

子煩悩で、休みの日は家族でよくドライブに出かけ、手料理を振る舞ってくれることもある夫。笑いの絶えない、仲よし家族だった。夫婦二人で外食をする時間も作ってくれ、このままの生活がずっと続くものだと、敦子さんは何の疑いもなく思っていた。

「私、夫を愛していたと思うんです。まさか、夫から『好きな人ができた』って言われるなんて……。自分はもう、何の価値もない人間だと、夫から宣告されたのだと思いました」

敦子さんは身も心もボロボロになった。

「それでも、やり直そうと思っていたんです。下の子が小さいから、あまり夫に構ってやれなかったのを反省して、お弁当を作るようにもしました。でも私に嘘をついてまで、彼女と会い続けていることに、身も心も持たなくなりました。もう、無理でした」

夫とは別居した。ただし、離婚が成立するまでは「婚姻費用分担」として生活費を入れることを約束させ、敦子さんは仕事と住居を探した。夫と暮らしていたマンションは、家賃が高過ぎたからだ。

不動産屋は「母子家庭」と聞くと、途端に顔をしかめた。パート労働であることも、不利に働いた。子どもが小さいこともあり、コンビニで短時間のアルバイトをしていただけだったのだ。

敦子さんは四年制大学卒で、一部上場企業で働いていたが、結婚を機に退社し、数年前から家計補助的なパート労働に出ていた。「一〇三万円の壁」(第二章で説明する)と言われるように、夫の扶養内での労働が家計的にも効率がいいからだ。

しかし離婚した以上、そんなわけにはいかない。正社員の職を探したが、離職期間が長く、子どもが小さいこともあり、正規雇用に就くことは叶《かな》わなかった。

履歴書を見た採用係は決まって、「お子さんがねー」と顔を曇らせる。

「お子さんが病気になったとき、誰か、見てくれる人がいるならともかく、そのたびに休まれちゃ、こっちが困るんですよ」

敦子さんの両親は地方に住んでおり、子育ての援助は難しい。まして、金銭的援助を頼めるような関係でもない。ただ、住居だけは父親が保証人になったおかげで、アパートを確保することができた。２ＤＫで、家賃は六万円。

敦子さんの窮状を見かねた知人が、自分が経営するデザイン会社にアルバイトとして雇ってくれることとなった。勤務は週五日、長男が幼いため、一八時までの変則的勤務という便宜を図ってもらうこととした。時給は一二〇〇円。スーパーのレジ打ちより格段にいい。

不安定な精神状態ながら、歯を食いしばって、必死に慣れない仕事に挑んだ敦子さんだったが、職場で白い目で見られるようになるまでに時間はかからなかった。

「皆さん、終電近くまで勤務していました。一八時退社が、他の社員から非難され、『終電まで仕事をしろ』と迫られました。そんなの、無理です。夜、子どもたちだけで過ごさせるなんて、到底できません。とりわけ、長男が不安定になっていましたから」

急にいなくなった父親、帰りが遅い母親という環境の急変に、長男はおねしょを繰り返すようになり、指しゃぶりも激しくなった。

デザイン会社を辞めた敦子さんは、シングルマザーのママ友が働いているゴルフ場で、キャディーとして働くことを決めた。女性の職場であり、かつ年配女性も多い中、若い敦子さんはすぐに採用された。

ひと組四人でプレーする4バッグが続くラッキーな月は手取りが二〇万円にもなるが、子どもの病気で休みが続けば一〇万円しか稼げない月もあった。

「それでも……」と、敦子さん。

「このときは、毎月四万円ほどの児童扶養手当と、一万円ほどの児童手当がありました。医療費は無料ですし、水道代は基本料金が免除、有料のゴミ袋の支給、都営交通の無料券など、福祉のネットワークに支えられ、綱渡り状態ではありましたが、何とか、暮らしは成り立っていました。都営住宅に入居できたことも大きかったです」

長男の小学校入学時に、たまたま都営住宅に当たり、これで家賃は二万円台になった。

「そうだ！」と敦子さんが顔を上げる。

「この頃はまだ、養育費が支払われていたんです。一人月三万円ですから、六万円が毎月、口座に振り込まれていました」

離婚時、敦子さんは身銭を切って弁護士を立てた。弁護士はこうアドバイスした。

「慰謝料請求の裁判を起こすより、子どもたちが社会人になるまで、養育費をきっちり取るようにしましょう。そのほうが賢いですよ」

弁護士が代理人となったことで、元夫は素直に交渉に応じ、二人が社会人になるまで、月三万円の養育費を支払うことを約束したのだ。

義務教育期間には、「就学援助制度」というものがあった。児童扶養手当の受給者や生活保護受給者、所得の低い家庭などが適用になる制度で、学用品代や給食費、校外活動費、修学旅行費などが支給される。小学校と中学校の入学時には、新入学児童生徒学用品費も別途、支給になる。

中学の制服という大きな出費もあったが、何とか用意することもできたし、子どもたちが義務教育のときには、養育費や児童扶養手当などさまざまな支えのもと、キャディーの収入のみで何とか生活は成り立っていた。

「同じシングルマザーのママ友に子どもを預けて、土日も働きました。土日のほうが、お金がいいからです。外の仕事なので、きついなんてものじゃないです。お客さんもいい方ばかりじゃないですし、客商売なので神経をものすごく使います」

酷暑の炎天下でも、みぞれが舞い散る極寒でも、敦子さんは神経を使うキャディーの仕事をやり続けた。仕事が終われば、疲労困憊《こんぱい》で倒れ込むような状態になるが、倒れてなどいられない。買い物をして、食事を作り、子どもを風呂に入れ、明日の準備をして寝るという日々。それでも子どもたちとの生活は、敦子さんに安らぎをくれた。

「二人ともいい子で、きょうだいの仲もよく、お笑いのテレビを見て、三人でゲラゲラ笑いあうのが楽しかったですねー。父親がいなくても、こんなに幸せなんだと思えたことが本当によかったです」

進学とともに暗転した生活

ささやかで慎ましい生活は、やがて暗転する。

長女は成績がよく、公立の進学高に入学した。都立高校の学費なら、敦子さんの収入と養育費で賄うことができていた。しかし、経済を学びたいという夢を持つ長女が国立大学受験に失敗して、一年、自宅で浪人生活をすることに。一浪後の受験でも国立大学への進学は叶わず、私立大学に進むこととなった。長女にとってはむしろ、その私立大学こそ、行きたいと願っていた大学だった。国立大学の学費が値上がりし、私立大学の学費と、昔ほど差がない時代になってはいたが……。

「郵便局の学資保険に入ってはいたのですが、生活費が足りなくなると、その積み立てからお金を引き出して充当していたので、入学金は融資を受けて作るしかありませんでした」

翌年から学費は長女が奨学金を借り、さらにアルバイトで賄い、四年で卒業した。

「長女だけだったら、まだ、何とかなったと思うんです」

長女は小学校時代から成績がよく、何の問題もなくのびのび育ち、志望校に進んだ。塾に通わせたことは一度もない。問題は長男だった。小学校でいじめに遭ったこともあり、敦子さんは中学から個別塾に入れることにした。

「家に大人の男性がいない環境ですし、いじめの経験もあっただけに、教師だけに頼るのは心配でした。確か、七〇万円のカードローンを組んだと思います」

この塾が長男を変えた。自分に自信がなく、成績もパッとしなかったのに、理数系がめきめき伸び、それが自信に繋がって、姉と同じ進学高を受験した。

しかし受験は失敗し、私立高校への進学を余儀なくされた。

この頃から、滞りがちだった養育費の支払いが完全に止まった。支払って欲しいと電話をかけても、スルーされるか、「はあ、それで?」の一言。

「侮蔑される感じが伝わってきて、電話をするのも嫌になりました。離婚時のトラウマが甦《よみがえ》るんです」

そこで、自治体の「母子父子寡婦福祉資金貸付金制度」から、一五〇万円を借りて学費を賄った。この時は、敦子さんのいとこが保証人になってくれたおかげで無利子となった。形式上、一五歳の長男が印鑑証明を作って自分が借りた形をとってはいるものの、返済は敦子さんの口座からの引き落としだ。

「高校三年間、どうやって、毎年の学費を作ったのか、今ではよく覚えていないのです。必死でした。学校と交渉して、待ってもらったことがあったと思います。長男は二年のスキー旅行にも、三年の修学旅行にも行ってはいません。私立なので積み立てはないし、とんでもなく高いんです。スキーなんて、北海道のトマムまで行くんです」

そうであっても、長男はバスケットボールの部活を頑張り、獣医師になりたいという夢ができた。

この時期、大学を卒業した長女が、一部上場企業に正社員として就職した。元夫は就職祝いだと言って、デパートでイタリア製のスーツ、バッグ、靴、時計を購入、長女にプレゼントした。

「多分、三〇万円はかかっていると思います。このお金をなんで、長男の高校の学費に使ってくれないのか。そんな贅沢《ぜいたく》なもの、長女にはいらないのに」

母子家庭の子どもは大学へ行くな

高校卒業後、長男は二浪した。一浪目は長男のたっての願いで予備校に通い、二浪目は宅浪で受験勉強漬けの二年間を送った。予備校の費用は「国の教育ローン」から、一〇〇万円を借りて支払った。

「国立の獣医学部は、とても厳しい狭き門でした。長男は遊ぶこともせず、毎日、必死に勉強していましたが、結局、私立の応用生物学科に進学しました。そこは、長男が希望していた大学でもあったのですが……」

敦子さんは「国の教育ローン」からさらに二〇〇万円を借りて、入学金と学費を支払った。学費については長男も姉同様に、奨学金と塾講師のアルバイト代で賄うこととなった。

敦子さんがこちらの目を見据えて、訴える。

「二人とも成績がよく、必死に受験勉強をして、進学したのは有名私大です。『お金がないから、高卒で働いて』とは、とても言えませんでした」

敦子さんの瞳が涙でうるむ。

「だって、子どもが人生の選択肢を持てるところまで連れて行くのが、私の子育ての最大目標でしたから。これが、なぜ、ダメなのか。なぜ、許されないのか。母子家庭はこんな当たり前のことを、望んじゃいけないのですか」

敦子さんの悲痛な訴えはあまりにも当然のことだ。長男が一八歳を迎えた年度が終われば、児童扶養手当も医療費免除も、水道代の基本料金免除も、ゴミ袋の支給もすべてなくなるのだ。

これから教育費がかかるという時期に、母子家庭をめぐる福祉のネットワークが一切消える。足元を支えていたセーフティネットが、ばっさりと切られるのだ。

敦子さんはきっぱりと言いきった。

「これって、『母子家庭の子どもは大学へ行くな』と、国に宣告されているのと同じですよね」

家計崩壊

敦子さんが毎月の返済に事欠くようになったのは、案の定、児童扶養手当の支給がなくなった頃からだ。いくら頼んでも養育費はもちろん、元夫から学費の援助もない。児童扶養手当の毎月四万円が消えたことは、ストレートに家計を直撃した。水道代もこんなに大きい額なのだと初めて知った。ゴミ袋代だってバカにならない。大きかったのは、医療費だ。長男がバスケの試合で転倒し、膝の前十字靱帯《じんたい》断裂損傷という大怪我《おおけが》を負ったが、手術をさせてあげることができなかった。

「長男は二ヶ月間、松葉杖《まつばづえ》生活になりました。激痛が続いていましたが、愚痴を言うことも音を上げることもなく、休まずに大学に通いました。三ヶ月で、普通に歩けるまでに回復しましたが……。高校でもバスケで手の舟状骨《しゆうじようこつ》を折ったのですが、このときは医療費が免除でしたから、すぐに入院して、手術をすることができました。三日の入院で済んだのです」

加えて、不況がゴルフ場を直撃した。同じコースを回っても、2バッグばかり。収入は減る一方となった。五〇代になればさすがに身体が悲鳴を上げるようになり、休む日も増えていった。二〇年前のように、休み返上で働けない。

人生の「落伍者《らくごしや》」となった日

教育ローンの返済額は、月一五万円にも及んだ。キャディーの収入では、返済したらいくらも残らない。やがて、生活費をキャッシングで補塡するようになり、買い物はクレジットカードに頼るようになった。当然、教育ローンの返済だけでなく、毎月、それらの返済が上乗せされる。

現金でのローン返済が困難となっていくのに、それほど時間はかからなかった。

「なんかもう、破れかぶれでした。こんなの、絶対に破綻すると思いながら、キャッシングでの返済を始めたのです」

別のカードのキャッシングで現金を作り、返済日に間にあわせるという綱渡りの日々。

「何とか、支払えた。よかったとホッとしても、また次の支払いが来る。何か、もう、追われるようで苦しくて……。今、どれだけ借りているのか、現実を見ないようにしました」

カードのキャッシング限度額が来れば、違うカードに乗り換える。最後は、「サラ金があるから大丈夫」だと思っていた。

「サラ金の明るいCMを見ながら、あそこがあると甘く見ていました。やがて、どのカードも貸してくれなくなりました。サラ金のATMが私を拒否したとき、目の前が真っ暗になりました。明らかに、多重債務者でした」

ある日、長女が友人の弁護士を、自宅に連れてきた。すべての借用書を見た弁護士は言った。

「水野さん、自己破産しましょう。もう、それしかないです」

若い弁護士は、長女と長男にこう言った。

「キミたちのために、お母さんは破産するんです。すべては、教育ローンが原因ですから」

そのとき、敦子さんの目から涙がとめどなく溢れた。人生の「落伍者」となったという情けなさと、ローン地獄から解放される安堵《あんど》と、両方入り交じった涙だった。

川口有紗　子どもを育てていただけなのに……

その年の正月を、川口有紗さん（仮名、五四歳）は暗澹《あんたん》たる思いで迎えた。

「大晦日《おおみそか》も正月も、私はひとりぼっち……。何がめでたいんだろう」

年末から持病の喘息《ぜんそく》が悪化し、咳《せき》が止まらないばかりか、風邪を併発して高熱が続き、八方塞がりの苦痛に絶望だけが募っていく。

「いっそ、死んだほうがマシと思いました」

有紗さんは、こう口火を切った。小柄で、目鼻立ちのくっきりとした、人を惹《ひ》きつける容貌だ。

「シングルマザーとして、三人の子どもを必死に育ててきました。でも今は塾代も学費もビタ一文払わなかった元夫に、子どもたちを奪われてしまったんです」

二九歳の長男と二六歳の次男は、結局、元夫が経営する建築会社に就職した。他に、就職口がなかったからだ。これで仕事から生活まで父親頼み、丸抱えにされている状態となった。ゆえに、正月は父親と過ごしているのだという。

唯一、三が日に顔を出してくれたのが、医療事務の正規職に就く二八歳の長女だが、恋人がいるため、三が日を丸々、母親と過ごすことはできない。

「元夫の家には忘年会、新年会、家族旅行と家族の行事があって、『ちゃんと参加しろ』と父親が言うから、子どもたちみんな、そこに行くわけですよ。だから、私より元夫のほうが今では子どもたちと頻繁に会っています。元夫の再婚相手を、母と呼んで。家族旅行の旅行代も全部、父親持ちだし。娘も、父親に車を買ってもらっているから、言われれば、行かざるを得ないでしょう」

何のための、子育てだったんだろう。何のために、女手一つで頑張ってきたんだろう……。家族が集う年始だからこそ、有紗さんはひりひりするほどの孤独感に苛まれる。

「元夫は子どもたちが小さかったとき、家族のことなんか、何も考えなかった。家族の行事なんか、何一つなかった。子どもたちを育てる援助すら、何もしてくれなかったくせに、元夫は今になって、私からどんどん子どもたちを遠ざけていくんです。自分だけの子どもにしようとしている」

モラルハラスメント

二五歳同士の〝できちゃった婚〟だった。交際期間は、わずか二ヶ月。妊娠がわかり、籍を入れた。

有紗さんは二六歳で長男を出産、翌年に長女、さらに次男を出産し、歳《とし》の近い三人の子どもを育てることとなった。ワンオペ育児のあまりの大変さに、当時の記憶はほとんどない。

「年子が三人って、とんでもないです。夫が妻の負担を、何も考えていない証拠です」

祖父が興した建築会社に勤務する夫は、「下請けと飲みに行く」と連日連夜、午前様。休みは趣味の草野球と、子育てを手伝うどころか、有紗さんを気づかうことは一切なかった。

「たまに家にいても、夫のご飯の支度が大変なの。まずビールを出して、ビールにはビールに合わせたおかず、次に日本酒で、日本酒に合わせたおかず、その次にお茶漬けで、お茶漬けに合わせたおかずがいる。締めくくりは、食後のウィスキーの水割り。そのときも当然、あてがいる。買った惣菜《そうざい》を出すと『なんだよ、惣菜じゃないか！』と言われるから、手抜きなんかできない。『醬油《しょうゆ》、取れ』とか、目で指図されるのも苦痛だった」

今なら、完全なモラルハラスメント（精神的ＤＶ）だとわかる。だが、当初は面倒だなぁと思うものの、離婚しようとは思わなかった。

当時、夫が生活費として家に入れるお金は、八万円。これで食費から夫の酒代、子どもの医療費、雑費まですべて賄えと強要された。家のローンと光熱費だけは別に、夫が払っていた。ワンオペ育児ばかりか、毎月、大半が夫の酒代に消える八万円でやりくりしないといけない。どうやって八万円でしのぐか、とにかく苦しかった記憶しかない。それが、有紗さんの専業主婦生活だった。正直、夫の横暴さに離婚がよぎることもあった。実際、すごく揺れていたと有紗さん。

「だけど、まだ、こんな小さな子どもが三人もいるし、経済的に一人でやっていけるかなと……」

離婚のきっかけは夫の浮気だった。気づいたのは、夫のポケベルにかかってきた一本の電話。不自然なまでに動揺し、さっとポケベルを隠す夫の様子に、ふっと違和感が芽生えた。

ちょうどその頃、次男が自転車から落ち、頭を打った。夫に車で病院に連れて行って欲しいと何度、ポケベルにかけても繋がらない。何気なく、夫のポケベルにかかってきた電話番号にかけてみた。一瞬、見ただけだったが、番号は覚えていた。案の定、女性が出た。返ってきたのは、一言。

「あっ、バレた?」

そこに夫が、たまたま着替えに戻ってきた。不承不承、次男を病院に連れて行った夫は、自宅の前で有紗さんと次男を降ろすや、「じゃあ、行くわ」と走り去り、その晩は帰ってこなかった。

「面倒なものを置き去るように、さーっと出かけて行きました。私は車の免許も持っていないし、次男に何かあったらと、一睡もできませんでした」

翌朝、「チビ、どうせ何ともなかったんだろう」と帰ってきた夫に、有紗さんは告げた。

「女と一緒だったんでしょう。女がいることはわかっている。もう、実家に帰って。今すぐ、この家から出て行って」

寝耳に水の夫は、すぐに出て行くことはなかったが、連日、飲み歩くわけだから、有紗さんにとって「いないのと一緒」だった。もう、未練もなかった。

離婚を見越し、有紗さんは車の免許を取った。免許を手にしたその日、車で家庭裁判所に向かい、離婚調停を申し立てた。

「私はもう、何もいらないから離婚したいと訴えて……」

三回の調停で、離婚は成立した。慰謝料なし、養育費は三人合わせて月六万円。

「調停のときに、元夫が自分の給与明細を持ってきたんです。手取りで五〇万でした。なのに、毎月八万しか渡さなかったわけです。調停では『会社に毎月、三〇万の借金を返済しています』という証明書を出したけど、何とだってなるもん、身内の会社だから」

新たな一歩を踏み出す

離婚後、すぐに家を出た。売っても、借金が残る家だった。「ローンを払うなら、家をやる」と言われたが、夫の会社近くの家になど、さらさら住む気はなかった。公営住宅に応募したが、落選。不動産屋を回って直面したのが、「母子家庭、お断り」という暗黙の掟《おきて》だった。

「私の父が保証人になると言っても、どこに行っても、『母子家庭はお断り』です。散々回って、ようやく借りられた物件が家賃九万。高かったけど、もう、どうしようもない」

親子四人、新生活の拠点はできた。長男が小四、長女が小三、次男はまだ小一だった。専業主婦から一転、一家の大黒柱として働かないといけない。三五歳のときだった。

看護学校に通っていたことがあったため、近所の病院で看護助手として勤務することにした。パートで時給八〇〇円、これだけでは暮らせないので、独学で技術を習得し、有料でホームページを作成することにした。

「専業主婦時代に景品でパソコンが当たって、そんなに普及していない時代にパソコンは持っていたんです。当時、ホームページ作成のソフトもなく、HTMLという言語で書いてホームページを作る時代で、作れる人があまりいなかった。なので、結構、いいお金になりました。HTML言語は、もちろん独学です。二ヶ月ほどかけて一つ作って、三〇万円とかになるんです。依頼も結構ありました」

児童扶養手当も、大きな支えだった。当時は年三回、四ヶ月分をまとめて支給されるのだが、三人で二〇万ほどになり、貯金するよう心がけた。元夫は裁判所の取り決めには従ったので、月六万円の養育費は途切れることはなかった。

少しまとまったお金ができたので、有紗さんは手に職をつけようと、指圧師の学校に通うことにした。ホームページ作成でいつまで稼げるか、先が見えないからだ。選んだのは入学金なし、授業料三六万円の専門学校。指圧師の国家資格を取るため、病院勤務を午前中だけにして、午後は学校に通う日々を一年送った。

「好きな仕事だって思いました。だから、覚えていくのが楽しかったです。夢は独立開業でした。就職して腕を磨いた後、開業しようと」

三年後、有紗さんは郊外にワンルームの部屋を借り、女性だけの癒しの場をオープンした。指圧師として、身体だけでなく、クライアントの心の疲れも癒していきたいと新たな一歩を踏み出したのだ。

父親との面会交流

「子どもが義務教育のときまでは、何とかなっていました。だけど高校、三人とも私立だったんです。長男は公立に落ちて、次男は中学で不登校だったから仕方なく、私立。娘はここに行きたいと、自分で決めて、私立の進学高に進みました」

長男の学費は修学旅行代も入れて、年一〇〇万円。元夫に相談したら、一蹴されて終わり。

「公立に落ちるのが悪い。おまえの教育がなってないからだろう。俺は知らん」

しょうがないので、姉に一〇〇万円を借りた。

「がむしゃらに働いて、姉に少しずつ返しながら、二年と三年の学費は自分で払いました。児童扶養手当やホームページ作成でお金が入ったときは貯金していたので、払えたわけです」

長男より一歳下の長女が選んだ高校の学費は、年間五五万円。

「このときは、県がやっている母子貸付金を借りました。無利子なんです。次男もこの貸付金を利用しました。次男は長男と同じ高校に行ったので、年一〇〇万円ですね」

母子父子寡婦福祉資金貸付金という制度の「修学資金」を利用した。

三人とも生まれてすぐに郵便局の学資保険に入ったものの、元夫が家を購入する際の頭金としてすべてを使ってしまっていた。

「学資保険を解約していなかったら、ラクだったと思います。三人とも、満期保険金が五〇〇万円のものに入っていたから、これがあったら……」

母子貸付金の保証人には、元夫がなった。保証人の収入欄に書かれていた数字は、「月収六〇〇万円」。

「私、びっくりして、子どもに『間違ってるんじゃない？　パパに確認して』って言ったら、本当だった。なのに、自分の子の学費にはビタ一文、払わない」

ただしこのときは、有紗さんだけの稼ぎで何とかなっていた。整体サロンも固定客が増えて軌道に乗ってきており、有紗さんは生活を切り詰め、必死に貯金した。まだ四〇代、ハードな仕事だが、結構、無理がきいた。

子どもには母子家庭だからということで、惨めな思いはさせたくない。両親がいる友達と同じような暮らしを保障したい。念じていたのは、それだけだった。

「離婚して、精神的にはすごくラクになったんですが、うちは子どもの反抗期がすごかった。特に、次男が……」

ようやく入った高校だったが、結局、次男は不登校になってしまった。

「バカだから、ピアスして行ったのよ。教師から『ピアス、外しなさい』と叱責されてから、休みがちになって。それでも部活には頑張って行ったら、顧問から『授業に出てないもんが、部活に来るな！』って怒鳴られて、そこから完全に不登校。これが一学期だったの。おかげで次男の貸付金は、一年分の一〇〇万だけで済んだけど」

不本意な状況に苛立《いらだ》ちを隠せない次男は、鬱憤をぶつけていく。

「壁に、穴がどんどん開いて。私も仕事がないときは家に次男といるから、結構、地獄でした。反抗期だからしょうがないと思うしかなくて。でも、今から思えば、三人の中で一番話したのは、次男なんじゃないかな」

アルバイトをするようになったことで、ようやく次男は落ち着いた。

一方、長男には別の悩みもあった。長男は高校を卒業、大学に進学することとなったもの の、進学先は私立大学の経済学部。年間一一〇万円の学費が要る。今度も、母子貸付金を利用した。

「自営業でそんなに収入がないから、皮肉にも満額、借りられたんです。このときの一一〇万円×四年分を今、私が返済中です。次男はアルバイトをして高校の学費を返し終わり、娘は大学の分も含めて今、せっせと自分で返しています」

なぜ、長男だけが……と有紗さんは思う。長男は大学四年を遊んで暮らし、卒業することなく中退した。どこにも就職口はなく、結局、父親の会社に後継ぎとして迎え入れられた。今は結婚し、子どももでき、父親に頭金を払ってもらい、マイホームを購入した。

「長男に、学費を自分で返してといくら言っても、『大学なんか、行きたくなかった。そもそも、親が払うもんだろ』の一点張り。私の名前で借りているから、否応《いやおう》なく、私の口座から引き落とされるわけです」

私の育て方が悪かったのか、父親との面会交流がよくなかったのかと、ふと思う。元夫は学費こそ払わないものの、たまに長男と長女を呼び出し、高額な食事をし、一〇万円もの小遣いをパッと渡し、好きなものを買い与え続けてきた。

「長男は、喜んで会いに行っていましたね。逆に次男は、絶対に行かなかった。会いにこない子に小遣いはなしです。次男も今、父親の会社で働いているのですが、それは前の会社がブラックで、もうしょうがなく。今は、働き先がないからね」

必死に働いてきた母親が見捨てられる

まさか、子どもが巣立った後に経済的困窮が待っていようとは、有紗さんには夢にも思わないことだった。

就職が決まった子どもたちは、職場の近くに住むために順番に家を出て行った。有紗さんも一人暮らし用のマンションに引っ越すことにしたのだが、転居に際して請求された住宅の修繕費用が七〇万円。

「目を疑いました。次男だけでなく、長男も彼女に振られた腹いせに壁に穴を開けたり、風呂場のドアを壊したり。長男と次男の部屋には友達が大勢来て、タバコをプカプカ吸うから、家中の壁紙を全部、張り替えないといけなくて……」

修繕費用を一括で払ったことで、有紗さんの貯金はすべて消えた。加えて、不況が色濃くなったことで、整体サロンの客も減っていく。

子育ての肩の荷が下りたと同時に、みるみる支出が増えていく。大きな要因が、母子福祉の支えがなくなったことだった。

「児童扶養手当がなくなったと同時に、支出が増える。医療費助成がなくなり、確定申告も扶養控除がなくなって課税額が増えるし。だから、今まで免除だった国民年金も払わないといけないし、国民健康保険も扶養家族がいたときは安かったけど、ぐんと額が上がって……。子どもが成人したことにより、ありとあらゆるものの支出が増えていったんです。母子家庭として、三人の子どもと生きていくことに必死で、母子福祉がなくなる先のことまで考える余裕がなかった。後悔先に立たず、です」

福祉の支えが、すべて消えたダメージは大きかった。そこに、長男の貸付金の返済がのしかかる。おまけに仕事は先細り気味だ。

「浮き沈みの激しい仕事なので、足りないときにカードのキャッシングを使うようになったんです。今月、家賃が厳しいなとなったときなどに。カードで買い物はするけど、キャッシングには手をつけないのが自慢だったのですが……」

インフルエンザが流行《はや》っただけで、キャンセルが相次いで客が減る。となると、予定していた金額が入らない。家賃は住居とサロン、合わせて一〇万。背に腹は代えられず、家賃の支払いなどにキャッシングを利用するようになった。さらに、リボ払いという盲点もあった。

「買い物したのをその月に支払って、持ち越さないようにしていたのですが、自動リボ払いにすれば何万円分のポイントがつくというキャンペーンに引っかかって、乗ってしまいました。こんなに利子が膨らむなんて、思いもしなかった。気づくのに、一年ぐらいかかって……。今は元本が減らずに、利子ばっかり払っている状態です」

カードの返済日に利用額を支払った後に、またキャッシングで現金を作り、返していく。毎月のカード返済は膨らみ続け、借金ばかりが増えていく。

五〇代半ばを見据えた時期に、こんな生活が待っていようとは……。最近は疲れやすく、身体の不調を実感する。思うように働けなくなってきているのだ。

「長男に、『若くて働けるうちに、なんで老後のことを考えて貯金しなかったんだよ』と言われたことがあって、『貯金できないのが、母子家庭なんだよ！』って言ってやりました。それが現実だから。『あんたは父親に小遣いもらって貧乏と思わなかっただろうけど、その父親は学費や塾代には一切、お金を出さなかったじゃないか！』って。あー、悔しかった。子どもに母の苦労を見せなかったことがいけなかったのかな……と」

離婚時の年金分割もない時代、おまけに私立高校の学費無償化も存在しない時代だ。

「一番大変な時期に、母子家庭をしてきたような気がします。必死に働いてきた母親が見捨てられて、自分で何とかしろと迫られる」

ささやかな支えは、娘が毎月三万円を家に入れてくれることだ。でも結婚を考え、そろそろ、自分のための貯金も必要になってくる。いつまでも甘えるわけにはいかない。

考えるほどに悔しくて、頑張って、一人で生き抜いてやるぞと思う。しかし、現実は借金まみれの悪循環に喘ぐ日々だ。

「私、何も贅沢していないのに。子どもを育ててきただけなのに……」

なぜ、この国のシングルマザーにはこんな未来しか用意されていないのか。有紗さんが訴える悔しさ、理不尽さはあまりにも当然のことだ。

渡辺照子　シングルマザーという、当事者性を武器に

二〇一九年七月一二日、夕刻の品川駅港南口には立錐《りっすい》の余地もないほど、大勢の人が集まっていた。参議院議員選挙に向けた、山本太郎さんが代表を務める「れいわ新選組」の街頭演説会。候補者一〇人のトップバッターとしてマイクを握ったのが、渡辺照子さん（六〇歳）だった。拳を突き上げ、照子さんが吠《ほ》える。

「私はシングルマザー、派遣労働者、貧困の総合商社として、貧乏を売りに、国政に殴り込みをかけることを決めました!」

「てるちゃーん!　いいぞおー!」

当事者としての力強い肉声に、人々は熱烈な支持を表明した。政治がシングルマザーの声に根ざしたものになる、それは、確かな希望だ。ロータリーを埋め尽くした群衆の一人として、私はそう確信した。

〝国政への殴り込み〟は持ち越しとなったが、照子さんが発する声が希望であることに変わりはない。

渡辺照子さんへのインタビューが実現したのは二〇二〇年一月末、コロナ禍の影も形も見えない時期だった。〝れいわカラー〟のピンクを差し色にしたシンプルな服装、飾らない笑顔があたたかい。

照子さんは現在、九〇歳になる認知症の母親と、新宿区にある実家で暮らしている。

「賃貸なら、とても住めないような場所ですが持ち家なので、何とか。ただ、バブル期から地主に立ち退きを迫られています。でも土地を旧借地権で借りているので、法務局に地代を供託すれば、追い出されることはないんです。ただし、上物が壊れると借地権が消失するから、ひやひやです。古い家ですから」

三九歳の息子と三六歳の娘は、それぞれ埼玉県で暮らしている。息子は単身の派遣労働者、娘は介護職の正規社員と結婚し、自身は銀行の契約社員として働いている。二人が埼玉に住んでいるのは、都内より家賃が安いためだ。

娘夫婦は、子どもを持たないという選択をした。共働きでギリギリの生活のため、子どもを養育する費用が捻出できないからだった。

「娘から、『お母さん、ごめんね。孫の顔を見せてあげることができない』と言われています。養育できる見通しが立たないからと。息子に至っては、結婚できないですね。できる感じがしないです。だから、私が〝貧困の総合商社〟と言うのは、自分だけでなく、貧困の世代間連鎖が、こうして起きているのだという意味合いでもあるのです」

息子は大学に通っていたが、アルバイトのし過ぎで留年し、中退した。正社員雇用を望んでも派遣労働しかなく、結婚さえ望めない。娘は夫婦二人で働いているのに、子どもを持つことすらできない。いくら夫が正規雇用とはいえ、介護職は過酷で低賃金な職業だからだ。

なぜ、今、こんな社会になっているのか。なぜ働いているのに、これまで「普通」とされてきた生活を手にすることができないのか。照子さんを政治の世界へ突き進めたものは、自分のみならず、子の世代までをも飲み込む貧困の理不尽さにあった。

新生児を抱えて野宿の日々

「私の場合は、ちょっと特殊で」と照子さんは言うが、ちょっとどころか、照子さんのような状況で出産した女性を私は他に知らない。

大学生のときに男性と出奔、大阪・西成のドヤ街などで、野宿生活をする中での妊娠だった。

子どもの父親は日雇い労働をたまにする程度で、普段は働かないため、「ドヤ」と呼ばれる簡易宿泊所にすら泊まれないし、産婦人科にかかる金もない。

「お腹《なか》が大きくてふらふらしていたら、親切な方が自宅に泊めてくれた。そしたら翌朝、赤ちゃんがバーッと出てきたんです。産んだというより、勝手に飛び出したって感じ」

まさに、奇跡の出産だ。その家には迷惑をかけられないと、産後三日目から新生児を抱えての野宿生活。季節は冬だ。この時点でも病院には行っていないし、子どもの出生届も出していない。

「赤ちゃんを抱っこして、体育座りをして寝るという、半端なホームレスです。他の皆さんは段ボールを調達して、布団をかけて寝ているでしょう？　その調達もできないんです。若かったから、できたんでしょうね」

なぜ、子どもの父親は新生児と産婦に屋根のある暮らしを保障しなかったのか。働けばいいだけの話なのに。それでも照子さんは、その男と一緒にいた。

二年後にまた、妊娠した。奇跡はそうそう起こらない。この日だと思ったときに、なけなしの金で一泊五〇〇〇円のホテルに宿泊、布団の上にビニールシートを敷いて、そこで産んだ。

「そもそも、お医者さんに診《み》てもらっていないので、妊娠何週なのかもわからない。自分の身体で、何となくこの日かなと思って。だから、自力出産というやつです」

手元に残ったのは五〇〇〇円のみ、新生児を抱えての野宿の日々が始まった。上の子の服を幾重にも重ねておくるみにして、寒さ対策とした。

「『赤ちゃん、どうだろう?』って、すごく心配でした。母子三人で、凍え死ぬってこともあり得るなって。子どもが何とか、死なないでいてくれた感じです」

ホームレス生活五年目を迎えた頃、男とはぐれてしまい、照子さんは実家に戻る。子どもを育てるには、それしかなかったからだ。

最低ランクの母子家庭

実家に戻った照子さんは、母子家庭を非難し叩くのは身近な家族や親族、友人なのだという現実を知った。

「結婚に失敗して、どこの馬の骨とも知れない男の子どもを二人も産んで……」

「うちにとって、迷惑。そんな状態の人間を背負うなんて」

理解ある家族や友人だと思っていたが、自分を見る目は明らかに豹変《ひょうへん》した。

「家にいても、親や妹から『あんたは家政婦』と言われ、落ち度を追及される。両親が子どもを可愛《かわい》がってくれなかったのが、一番辛《つら》かったですね。孫に、罪はないわけですから」

バッシングに耐えることができたのは、高校時代に学んだフェミニズム思想のおかげだった。「個人的なことは社会的なこと」という言葉で自分を支えた。これは決して、自分一人の問題ではないのだと言い聞かせた。

あるとき突然、子どもの父親がやってきた。両親は男をアパートに住まわせ、見つけてきた会社で働かせた。しかし、何の前触れもなく、男はいなくなった。以降、男の消息はわからない。こうして照子さんは、シングルマザーとなった。

「母子家庭にもランクがあって、一番上は死別母子家庭、次に慰謝料や養育費を取り決めた、離別母子家庭。私は失踪による母子家庭ですから、最低ランクです」

男の失踪で、家族からの非難はさらに激しいものとなった。

「あんなしょうもない男の子どもを産んだんだから、おまえは子どもを連れて家から出て行け！　おまえも、死ね！」

「死にません。誰が子どもを育てるのですか！　だから、死にません！」

子どもを守るのに必死だった。

「誰も信用できない状況で、すごく傷ついていたんですけど、結構、闘っていましたね」

重度のうつ

働くためには、子どもを保育園に預けるしかない。ここで子どもの戸籍を作ることとなった。戸籍がないと、福祉のサービスは受けられないからだ。

「法務局で、自分が産んだ子どもだと証明しろと言われても、証明するものは何もない。

居直って子どもを連れて行って、『私が産んだ子だ』と言ったら、『はい、わかりました。あなたのお子さんですね。これで戸籍を作ります』となぜか、一発ＯＫで作れました」

スーパーでパートをしながら、職を探した。運よく、公立保育園の給食調理という正規職員の仕事を得た。

「公務員なのですが、一般的な公務員ではなく、現業職という、賃金は最低ランクのものです。二五歳から五年間働きましたが、壮絶ないじめを受けました」

給食調理は、女性だけの密室の職場だ。初出勤時、挨拶をしたらこう返ってきた。

「あんた、男に捨てられた女だろう」

言葉の暴力だけでなく、給食の調理器具で殴られて、痣《あざ》だらけになる日々。園長に訴えても、「あなたが毅然としていないからだ」と、いじめられる側に非があると言われるだけ。

「今でいうハラスメントですが、下の子どもが保育園を卒園するまでと思い、五年間、我慢しました。日曜の夜になると、お腹が痛くなるんです。人的環境もひどいし、待遇だけはまあ、よかったですが」

子どもの小学校入学と同時にさっさと辞め、次に就いたのが生命保険の営業だった。

「人と会って話すことのほうが、給食調理より、私には向いていると思いました。きめ細やかな心配りとか、感情労働を求められる部分もあるので、私には合ってるなと。ただ不安定雇用ですし、ノルマもあり、稼げるものではありませんでした」

そこで照子さんは、トリプルワークを行う。輸入酒の委託販売と、広告代理店から依頼されて販売促進ツールを作る仕事。三つの仕事はすべて、時間に融通がきき、隙間でやれるものだった。

「全部、面白かった。直接、いろんな人と交流があって、社会的に開かれていて、私には合っていると思いました。面白かったのですが、働き過ぎて過労で倒れちゃったんです」

三五歳のときだった。朝、起き上がろうとしたら、背中に鉄板が入っているようで動けない。息もできない。救急車で運ばれて緊急入院、そのまま病名もわからないまま一ヶ月入院した。過労が原因だった。

退院後は、典型的なうつ症状に見舞われた。いきなり泣き出したり、無気力になり、起き上がることも歩くこともできない。トイレにも、ムカデのように這《は》って行く。この状態が一年続いた。

「仕事は辞めざるを得ないし、ここでこれまで教育費にと貯めていたお金を全部、使ってしまいました。失業保険もないですし。このときは児童扶養手当を受けていなかったので、医療費もかかる。あの頃は手当を受けなくても、自分の力で育てられると思っていたのですが、そんなものは何年も続かないわけです」

これほど重度のうつを患ったのは、これまでを見れば当然のことだった。ホームレス生活を強いられたこと自体、ある意味、暴力＝ＤＶだ。なぜ男は母子を冬空の下、凍えさせておいたのか。さっさと働き、屋根のある暮らしを保障すべきなのに。実家での激しいバッシングに加え、給食調理室でのいじめ、そして三つの仕事をかけ持ちするという、無茶な働き方。これで、自身が壊れないわけがない。

うつから生還し行き着いたのが、派遣の仕事だった。

「ずっと安定した職を追い求めて、気がついたら四〇歳になっていました。そのときにたまたま、派遣の仕事にありついたのです」

派遣労働に異議を唱える

企業に勤めている知人から、助けて欲しいと連絡があった。二〇〇一年のことだった。

「派遣の女性が急に辞めてしまい、急ぎの報告書があるから、うちの仕事に変わる気はない？　手伝って欲しいんだ」

願いに応じて、仕事先を変えた。それだけのことだった。本来なら、その企業に直接雇用されるべきなのに、派遣女性の代わりなので、便宜的にその女性の派遣元企業に登録して、知人の企業＝派遣先企業に勤めにいくという形となった。

「給料は派遣元企業から振り込まれるわけですから、いくら派遣先企業の人からの声かけで勤めたにしても、他の派遣の人と一緒。こうして、ずっと派遣労働者人生を送るわけです」

派遣とはいえ、照子さんは同じ企業に一六年八ヶ月勤務することとなった。

「本来、派遣って短期仕事だから、長続きする性質のものではない。でも皮肉にも、私の場合はその派遣こそが一番、長続きできた安定雇用だったんです」

就いたのは、事務職。初めての仕事だったが、事務とは何てラクなのかと思った。営業のようにノルマもなければ、移ろいやすい人の心を相手にするものでもない。

「女性が就きやすい仕事といえば、介護とか保育とかの接遇サービスですが、これらはみんな感情労働です。人を相手にして、しかも自分の感情を抑えて、いかに相手をもてなすかが求められる、大変な仕事です。女性の仕事の中で、感情労働が少ないのが事務、だから女性は、事務の仕事をしたがるんです」

派遣労働者の給与は、派遣元企業に三割ほど取られる仕組みになっている。加入が義務化されている社会保険は労使で折半、四〇歳以上だと介護保険が引かれ、さらに雇用保険や「諸経費」という実体のわからないものも引かれ、手取りは二〇万円程度。派遣に交通費はない。ちなみに、二〇二〇年四月の法改正で交通費や賞与などは支給しなければならなくなった。

「勤務体系は、正社員と一緒。それなのに毎月、正社員がもらえている住宅手当、扶養家族手当などの諸手当、夏冬のボーナスはない。私のように約一七年も勤めたのに、退職金もなかった。派遣とは、そういうことなのです」

どうしても正社員になりたかった。だから照子さんは、正社員以上に働いた。残業が月に一〇〇時間ほどとなり、本来は正社員がする海外からの客の世話も任された。正社員が休日出勤は嫌だと言えば、代わって出勤した。

家に帰るのが二四時を回り、お風呂に入って寝れば、また朝が来る。子どもたちが中高生となり、手がかからなくなっていたことも大きかったし、同居している実母もいる。

「今でも娘は、『お母さんが育ててくれたとは思わない。自分で育った』と言いますよ。娘は私より料理が手早くて、上手です」

子どもが一人で育ったと言い切るほど、働いてきた。パワハラもセクハラもあったが、正社員になりたい一心で、会社を休むことは絶対になかった。

あるとき、シュレッダーの前で身体が動かなくなった。意識を失って倒れ、救急車で運ばれた。原因は長時間労働による過労、明らかに労災だ。労災の申請は、雇用主である派遣元企業が行う。返ってきたのは、「あなたの自己管理ができてないから、そういうことになる」の一言。いくら食い下がっても、労災は申請できなかった。照子さんはこう見る。

「派遣先企業は、派遣労働者という道具を借りてくるだけなので、自分の手で修理することはしません。派遣元企業も壊れた道具を修理して、また使えるようにしようとは思わないんですよ。修理なんて面倒だから、放っておこう。これが、派遣の構図なんです」

二〇一五年九月三〇日、労働者派遣法が改正された。派遣労働者からしてみれば、三年ごとに派遣先を変えなければならないという「改悪」だった。

同年八月、照子さんは派遣労働者当事者として、参議院厚生労働委員会に登壇、改悪阻止を訴えた。

「有給をバンバン使って、国会でロビー活動をしたり、厚労省の官僚が参加する学習会などで派遣労働の実態や、法制度の矛盾、問題点などを自分の経験を通して訴えてきたので、その活動が認められての登壇でした」

「改悪」派遣法は施行され、皮肉にも照子さん自身、二〇一七年一二月での雇い止め通告を受けるのだ。五八歳での雇い止めだ。何と残酷なことだろう。

「私は約一七年勤務しましたが、同時期に二四年間、派遣で勤めていた人も雇い止めを受けました。物を捨てるように、長年勤続の派遣を切っていく、会社のやり口をまざまざと見た思いです」

自分の意思とは関係なく、退職金もなく裸で社会に放り出される。毎月、雇用保険を払っていたのに失業後、ハローワークで、「あなたのような仕事には使えない」と言われた。雇い止めとはそういうことだ。しかも五〇歳を過ぎれば、派遣元は新たな派遣先を紹介しないということも、派遣の世界での常識だった。五八歳という年齢ゆえ、照子さんがいくら粘っても、次の派遣先の紹介はなされなかった。

照子さんは派遣ユニオンに加入、矛盾だらけの状況と闘うことを決意する。「れいわ新選組」に合流する流れが、ここにくっきりと見えてくる。

照子さんは女性労働問題研究会の会員として、派遣労働や女性が低賃金に置かれている構造についての論考を発表するなど、研究活動も行っている。

そして、「元派遣労働者・シングルマザー」という当事者として、国政に殴り込みをかけた二〇一九年夏、「庶民による庶民のための政治」を訴えた。

照子さんは決して、「元シングルマザー」とは名乗らない。確かに、子育ては終わった。しかし……。

「まだ息子の教育ローンを返し切れていないこともありますが、貧困の世代間連鎖が現に起きているわけです。子どもがいてくれて頼りになる部分と、そういうプラスマイナス含めて、私にはシングルマザーという当事者性が拭えないものとして色濃くある。だから、シングルマザー当事者として闘っていきます」

目指すのは自己責任論で弱者をバッシングするのではなく、誰もが生きやすい社会だ。この照子さんの活動は既存にはない、新たな取り組みとなるだろう。それは、私たちシングルマザーにとって間違いなく、一つの確かな希望だ。

この章に登場した三人のシングルマザーに共通するのは、必死に働いて子どもを育て上げたにもかかわらず、我が身を嘆かざるを得ない現状だ。三人とも離別という形でシングルマザーとなり、正規職雇用に就くことは叶わなかったということも同じだ。

彼女たちは怠けていたわけでも、遊んでいたわけでもない。爪に火を点《とも》すような生活をしながら働き、子どもを育ててきただけだ。なのに、どうして、その後に穏やかな時間が待っていてくれないのだろう。

次章において、なぜシングルマザー及びシングル女性は貧困にくくりつけられたままにされているのか、この国のカラクリを明らかにしたい。

第二章
一九八五年——女性の貧困元年

「女性の貧困元年っていつだと思います?」

「はじめに」でも記したが、二〇一七年の夏、取材で対面した、神原文子さん（神戸学院大学教授・当時）から発せられた思いもしない問いが、本書のテーマに突き進む出発点となった。

そのとき私は、シングルマザーの調査研究を手がける神原さんに、私自身が今、シングルマザーとして日々の生活苦にいかに喘いでいるのかを、ありのまま激白しようと決意していた。それほど、自分の中に余裕はなく、事態は切羽詰まっていた。

そんな私に向けられた、予想だにしなかった言葉。自分自身も当事者だと自覚する「女性の貧困」に、まさか〝元年〟という視点があったとは……。そのような発想自体、一度たりとて持ち得たことはない。

あまりに突拍子もない問いに正直、混乱した。ということは、女性の貧困には明確な〝はじまり〟があるということなのか。すぐにでも答えが知りたく、畳み掛けた。

「わかりません。考えたこともありません。教えてください」

神原さんは、おもむろにこう答えた。

「一九八五年です」

一瞬、虚を衝かれた格好となった。一九八五年……。もちろん、立て続けに言葉が出た。なぜ、この年が……と。

神原さんから一通りの説明を聞いた後、心の中でさめざめと泣いた。流れ落ち続けたのは、悔し涙だ。今のこの自分の苦しさには、理由があったのだ。私の過ちではなく、制度により仕組まれたものだと知った。大地がぐらりと揺れるほど、青天の霹靂《へきれき》と言っていい時間だった。

男女雇用機会均等法

それにしても、一九八五年とはどんな年だったのだろう。

バブル前夜だ。少し前に〝女子大生ブーム〟があり、若い女性たちがもてはやされるようになった時代でもあった。

特筆すべきは、この年に、男女雇用機会均等法が成立したということだ。

当時、私は弁護士事務所の一人事務員だったが、これでようやく、労働現場での男女平等が実現するのだと漠然と思った記憶がある。

男女雇用機会均等法制定の背景には、一九七五年の「国際婦人年」がある。国連は性差別の撤廃や女性の地位向上を目指し、この年を「国際婦人年」とし、以後の一〇年を「国連婦人の一〇年」として行動していくことを決定した。一九八〇年には「女子差別撤廃条約」の署名が行われ、日本もこれに応じている。そして一九八五年に、男女雇用機会均等法など条件を整備した後に、日本は「女子差別撤廃条約」を批准した。

そういえば、「国際婦人年」からずいぶん時間が経っての、男女平等の実現なのだという思いもあった。いずれにせよ、これでようやく、日本社会も男女平等の実現に向け、舵を切ったのだという認識でいた。実際には、令和の世になっても森喜朗の「本音」（東京オリンピック・パラリンピック競技大会組織委員会会長を務めた森がＪＯＣの臨時評議員会で「女性の多い会議は時間が長い」と発言）のように、性差別の壁の厚さを思い知るわけなのだが……。

男女平等が実現するのだと思えた年が、まさか、女性の「貧困元年」にあたるとは……。元年ということは、明らかなアクションがこの年にあったのだ。

私の一九八五年

いささか回りくどくなったが、さらに遠回りを許して欲しい。「女性の貧困元年」の中身に踏み込む前に、私自身の一九八五年をここで振り返りたい。

本書では、六人のシングルマザーが自分の体験を赤裸々に語ってくれている。その方たちに恥じないように、私も自分自身の経験を、できる範囲で開示していかなければという思いがある。そこには高みからではなく、当事者として本書を書き進めたいという思いもあるからだ。

私には二人の息子がいるが、二人の父は違う人物だ。「はじめに」で記したのは次男の父との経緯で、今回は長男の話となる。もちろん、包み隠さずというわけにはいかないし、お恥ずかしい話となってしまうのを承知の上ではあるのだが……。

「女性の貧困」を考える上で重要な「一九八五年」は、実は個人的に、私自身、画期をなす年となった。この年の夏、妊娠が判明した。未婚で、二〇代半ばだった。

何か、漠然とした予感があったのだろうか。七月末、私は一人、外房の海へと向かった。透き通った海でがむしゃらに泳ぎ、家族連れで賑《にぎ》わう民宿に宿泊した。女性の一人客が間違いなく浮いていたのは覚えているが、なぜ、そんな行動に出たのかは思い出せない。

一つだけ、くっきりと浮かぶ情景がある。海に沈む夕日の強烈なオレンジ色だ。海岸線に立ち、その夕日を見つめていたとき、思いもしない言葉が身体の奥から満ちてきた。

「もしかしたら来年、私は小さな子どもの手を引いて、この夕日を見ているかもしれない。もちろん、そんなこと、思い過ごしであって欲しい」

水平線に沈む際の夕日は、より強烈な赫《あか》い光を放つ。

「でも、『この夕日、とっても綺麗《きれい》だねー』と、笑いあえる小さな存在が、私の側《そば》にいてくれるとしたら……。もしかしたら、それはとても幸せなことかもしれない」

瞬間、甘酸っぱいあたたかなものが身体中に満ちてきた。

都内に戻り、すぐに産婦人科で診察を受けた。

「妊娠二ヶ月です。おめでとうございます」

何と、残酷な言葉だろう。胸には、絶望しかなかった。この言葉を、喜びとともに聞く人が心から羨ましかった。

アパートに戻ると田舎の母から電話があり、近所に住む弟が熱を出しているから看病に行けという。それどころじゃないのにと思いながら、弟のアパートで一通りのことをした後、口から出た言葉もはっきりと覚えている。

「私、子どもができた。産むからね。このことを親に言ったら、きょうだいの縁を切るよ」

子どもの父とは、結婚できる関係にはなかった。それに結婚とは、両親の夫婦生活を見ていればそんなにいいものとも思えなかった。

一人で産もうと決めるには、いろいろな後押しがあった。たとえば、職場のボス。妊娠の事実を報告しないわけにはいかない。弁護士は開口一番……。

「いやあ、めでたい。こんなにめでたいことはない。この世に人が一人増えるんだ！　こんなにすごいことはないじゃないか。いいか、弁護士の仕事なんて、大したもんじゃないんだから、自分の身体のことを何よりも優先しろよ」

涙が出た。私が未婚であることはもちろん、知っている。ボスが唯一、お腹の子を祝福してくれた人物だ。

そして、私より一回り近く年上の女性たちの存在があった。ちょっと変わった経緯で出会ったその女性たちは、事実婚で子どもを産み、働きながら子育てをしていた。同居もあれば、一人で子どもと生きている人もいた。そんな常識や制度にとらわれない生き方が、魅力的だった。妊娠したと話すと、とても喜んでくれた。

「子どもが、大事なことを教えてくれるよ。それって、素敵なことだよ。心配しないで、私たちが支えるから。そうやって、女同士、繋がっていけばいいと思う。あなたは次に、年下の女性を支えるというふうに」

相談した結果、生活保護を受給して出産に臨めばいいとアドバイスされ、そうしようと決めた。生活保護なんて、今まで遠い世界の話だったのに……。貯金もないし、親に頼れない以上、それしかない。ここまで来て、ようやく肝が据わった。

両親に、妊娠を報告するつもりは毛頭なかった。おそらく、無理やり中絶させられるに違いない。体面や見栄を重んじる母親が、何を画策してくるかわかったものではない。話すのは、妊娠後期にしようと決めた。

これが、私の一九八五年だ。

改めて今より遥《はる》かに牧歌的で、おおらかな時代だったことを思う。一人で産むという選択を、孤独な中でしなくて済んだという意味で。いや、むしろ、世間一般から外れる生き方を認め、支えようとしてくれた人たちがちゃんといてくれたという意味で。

男女雇用機会均等法の陰で

本題に戻りたい。実は「女性の貧困元年は一九八五年」という提起を行ったのは、法政大学の藤原千沙《ちさ》教授である。二〇〇九年、藤原教授（当時・岩手大学准教授）は「女たちの21世紀　特集　女性の貧困　何が見えなくしてきたのか?」に、「貧困元年としての1985年　制度が生んだ女性の貧困」という論考を寄せ、女性の貧困問題が「制度により作られた」ものだという視点を明らかにした。

神原さんが私に与えた示唆は、この論考を元にしたものだった。

では、なぜ、ここが女性の貧困元年なのか。

一九八五年五月、男女雇用機会均等法が成立した。正式名称は、「雇用の分野における男女の均等な機会及び待遇の確保等女子労働者の福祉の増進に関する法律」。

女子労働者にとって追い風が吹くことになったわけだが、この前月の四月、国は今までにない新たな制度を作った。まるで男女雇用機会均等法成立の前に、やっておかなければならなかったものであるかのように。

それが、国民年金における「第3号被保険者」制度の創設だ。この制度こそ、「女性の貧困元年が一九八五年」と言われる、核心となるものだ。

「第3号被保険者」制度とは一体、何なのか。

年金制度に初めて登場した、「第3号被保険者」。これまでは、1号と2号しかなかったのだ。

「第1号被保険者」とは、自営業や農業者などとその家族、学生や無職者を指し、「第2号被保険者」とは民間の会社員や公務員など厚生年金、共済の加入者を指す。

そして、新たに作られた「第3号被保険者」とは、「第2号被保険者」に扶養されている配偶者のことを指す。平たく言えば、会社員や公務員の夫に扶養されている、妻のことだ。

働いていない専業主婦が、どうやって保険料を納めるというのだろう。いや、納めなくていいよ、と新たな制度は規定した。「第3号被保険者」は、自分で保険料を納付する必要がない人たちのことでもある。妻たちは自分で保険金を納めなくても、年金がもらえるような仕組みを作ってもらえたのだ。

もちろん、そこには国の明らかな目的がある。この国の意図こそ、本章の核心となるものだ。

藤原教授は、このように指摘する。

「結婚した女性は自ら経済力を得て社会保障制度に加入するのではなく、経済的には夫に従属し扶養されることに対して社会が補助金を与えるがごとく優遇したのである」（前掲論考）

当時の自民党政府には、労働現場における男女平等の実現の前に、専業主婦を優遇する制度を作る必要があったのだ。それは、この国が女性に対してどのような態度で臨むのかと同義だ。そして、どういう社会を作るのかにも通底する。

夫に扶養される妻への優遇策

八〇年代は、専業主婦やパート労働を行う妻たちへの優遇策が次々と作られた時代でもあった。

一九八〇年には、相続の分野で「寄与分」制度が創設された。夫が死亡した際、夫の療養や介護に尽くしたとされる相続人（多くが妻）には、特別に与えられる相続財産の持ち分が「寄与分」として新たに作られ、寄与相続人は、寄与分と自身の相続分と両方を取得できることになったのだ。あたかも介護を家庭で担ってくれたことへのお礼、あるいはご褒美として。

まさに、菅義偉《すがよしひで》が総理就任時に掲げた、「自助」を第一に据える姿勢そのものだ。国に頼らず、自分たちで何とかしろという。

税制面でも、優遇制度が作られていく。一九八七年創設の「配偶者特別控除」だ。

それまでは、「配偶者控除」というものが存在していた。配偶者控除の創設は、一九六一年。生計を一にする妻がいる場合、夫が支払う所得税を計算するにあたって、所得から一定金額を差し引くことができるという仕組みだ。課税所得が少なくなるわけだから、夫が納める所得税や住民税が少なくなる。

ではなぜ、この配偶者控除なるものが必要とされたのか。創設の前年にあたる一九六〇年一二月に出された、税制調査会の答申などにこう書かれていることが、北村美由姫さんの論考、「配偶者控除についての一考察」で紹介されている。以下、引用する。

「妻とは『単なる扶養親族ではなく、家事、子女の養育等家庭の中心となつて（ママ）夫が心おきなく勤労にいそしめるための働きをしており、その意味で夫の所得のか得に大きな貢献をしている』者であるのだから、扶養親族と見るのは不当である」

こうしたことを踏まえ、北村さんはこう指摘する。

「この配偶者控除創設の考え方の根本には、『税法上「妻の座」』を認め、妻の役割をより一層明確にするという、『妻の座確保』政策があったことがはっきりとわかるのである」

よく「一〇三万円の壁」と言われるが、これは配偶者控除の要件が、配偶者の収入金額が年収一〇三万円以下ということを指している。一〇三万円以下なら、三八万円を控除額として夫の所得から差し引くことができるのだ。

一九八七年に、新たに「配偶者特別控除」なるものが創設されたのは、パート労働で一〇三万円の壁を超えてしまった場合、配偶者控除が受けられなくなり、結果として世帯の所得が減るという事態が起きるからで、そこで妻たちは、一〇三万円を超えないように就業を調整するようになる。一九八〇年頃から、こうした「パート問題」が発生していたと、前出の北村さんは指摘する。

そこで「配偶者特別控除」を創設して、妻の収入状況に応じて、一〇三万円以上の収入がある場合でも使える制度を導入して「パート問題」を解決するとともに、サラリーマン世帯の減税を図ろうと意図したのだ。

配偶者控除の枠を一円でも超えてしまうと全く控除がなくなるのではなく、一定レベルまでは控除額を維持し、その後、段階的にゼロにしていく制度が配偶者特別控除で、納税者の所得金額と配偶者の所得金額で控除額が変わるというシステムとなっている。

こうして一九八〇年代に、立て続けに専業主婦及び家計補助的なパート労働をする妻を、優遇する制度が作られていった。それは、この国がどのような社会を目指すのかによって形作られたものだ。

八〇年代、当時の自民党政権は日本社会のあるべき形を目指すべく、明確な方向に舵を切った。

藤原教授によれば、あるべき形とは「男性稼ぎ主モデル」という家族形態を指す。それは男性（夫）が稼いで妻子を養い、女性（妻）は夫に扶養されながら家事・育児・介護を行うというものだ。この「男性稼ぎ主モデル」が強化されたのが、まさに八〇年代だったという。

「1979年、当時の政権与党である自由民主党が発表した『日本型福祉社会』（自由民主党研修叢書）において、日本がめざすべき福祉社会は、安定した家庭と企業による福祉を前提として、それを市場で購入するリスク対応型民間保険が補完し、国家は最終的な生活安全保障の場面にのみ登場するというものであった」（前掲論考）

国が福祉にいかにお金を出さなくて済むか、それが「日本型福祉社会」だった（今や、安定した家族と企業両方が、破綻していると言わざるを得ないが）。

ゆえに女性は専業主婦か、働いても家計補助的な低賃金のパート労働でいいとされ、夫に扶養されることを前提に、家事、育児、介護を無償で担う「日本型福祉社会」の支え手とされた。その代償としての、専業主婦優遇制度だったのだ。専業主婦がいれば、国は福祉に使うお金を最低限にできると。

女性の労働形態はパートなどの非正規雇用でよく、対価は低収入でいいとされたのだ。ここに現在の女性の貧困に繋がる要因が、くっきりと見える。女性の貧困は、ここで運命付けられたというわけだ。

ちなみに、この「日本型福祉社会」では、未婚や離婚によるシングル女性の存在は一切、想定されていない。女性が稼ぎ頭（大黒柱）になる家族など、自民党政権の眼中には存在していないのだ。

八〇年代は世界的に見て、発展途上とされる国でも、女性が労働力として社会進出を果たしていった時代だという。そんな中、日本では女性を家庭に繋ぎ止め、ケア労働に努めれば老後の安定を保障するという政策を打ち出した。それが、「日本型福祉社会」であると。国が福祉に登場するのは、最後の最後でいいのだと。

国連の手前上、男女雇用機会均等法を制定しておきながら、労働力としての女性の社会進出など、一顧だにしていないというわけだ。

男女雇用機会均等法と労働者派遣法

皮肉なことに、一九八五年は男女雇用機会均等法と労働者派遣法が、同時に制定された年でもあった。

派遣切りなどの不安定雇用、格差拡大などで問題となっている派遣労働の始まりが、この一九八五年に遡るわけだ。

そもそも、自社が雇用する労働者を他社に派遣して就業させるという、「業務処理請負業」が登場したのは一九六六年、アメリカの人材派遣会社が日本に進出したことで開始された。このシステムが一定の役割を果たすことを受け、労働者派遣事業の制度化が必要だということで、労働省（当時）が立法化に着手、一九八五年に労働者派遣法が成立したという流れがある。

これによりビジネスとして派遣事業を行うことは可能になったが、当時は専門性の高い一三業務に限定、建設業務、警備業務などへの派遣は禁止、製造業へも政令により禁止され、労働者保護の色彩の強いものとしてスタートした。これにより、通訳や秘書など専門性を活《い》かした職業に就く人が一日数時間、週に数日だけなど、融通をきかせて働くことが可能になった。

当初は専門職だけに限られていたが、その後、労働者派遣法は何度も改正を重ね、対象業務はどんどん拡大し、二〇〇三年の改正では、製造業への派遣が解禁となった。

二〇〇八年暮れに日比谷公園に作られた、「年越し派遣村」を覚えているだろうか。リーマンショックの影響で企業が一斉に派遣切りに走り、寮生活を送っていた製造業の非正規社員は、職と同時に住居も失うこととなり、派遣村に押し寄せた。ここで初めて可視化されたのが、非正規雇用などの男性の貧困だった。しかしそれ以前に、女性はずっと、低賃金のパートや派遣労働でいいとされてきたのだ。

加えて、男女雇用機会均等法の制定により、女性の間にも明確な分断が持ち込まれることとなった。

男女雇用機会均等法が成立したことで、女性にも「総合職」というポストが作られた。つまり、一部のエリート女性たちが男性並みに働くことが可能となり、高収入を得ることができるようになったのだ。とはいえ、この恩恵を享受できたのは、ほんの一握りの女性でしかない。

一見恵まれていると思われる総合職の女性だが、男性並みに働くということは、何を意味するのか。男性は家庭のこと（家事、育児、親の介護）すべてを担う、妻の「ケア労働」があるからこそ、仕事だけをしていればいいわけだ。夜中までの残業だって、なんてことはない。しかし、そのようなケア労働を担う存在がいない女性が男性並みに働くとなれば、自身が家庭を持つことを断念せざるを得なくなる。よほど家事を担ってくれる夫（そもそも、そのような男性は八〇年代、極めて希少だった）か、祖父母がいない限り、子どもを産み育てることと仕事を両立させるなんて不可能だ。世は八〇年代半ば、いくら金銭に余裕があっても、民間の家事・育児サービスを利用する発想は乏しかったし、今ほどサービスが充実していたわけでもない。

男性が「家族サービス」（何が、サービスだと思うが）と称し、子どもの愛らしさに目を細める団欒《だんらん》のひとときを持てるのに対し、総合職女性は何と細く厳しい道を歩まざるを得なかったのだろう。

ゆえに女性が仕事と家庭を両立したいとなれば、自《おの》ずと低賃金のパート労働や派遣労働を選ばざるを得ないという、半ば強制された選択肢しか残っていない。それでも大黒柱である夫がいれば、妻は生活に困ることはない。

しかし、パートや派遣で働かざるを得ないシングル女性はどうなるのか。国が想定していなかった「男性に扶養されない女性」は現にいる。そして今、その数は一九八五年当時では、予想もできなかったほどの広がりをみせている。

女性の生涯未婚率（五〇歳時点で一度も結婚したことのない人の割合）を見ると、一九八五年は四・三％だったが、二〇二〇年には一七・四％に急増。母子世帯数は一九八八年に八四万九二〇〇世帯だったが、二〇一六年には一二三万一六〇〇世帯へと増加している。

千葉大学、放送大学名誉教授で家族社会学が専門の宮本みち子さんは、「予想以上の出生率の低下と非婚化の進行について、人口学者が甘く見過ぎていた」と指摘する（この点について、宮本教授にじっくりうかがっているので、章末で紹介する）。

山田昌弘中央大学教授に、現代日本の未婚化の背景についてうかがったところ、若年男性の経済力低下に伴う経済不安と、男性が経済的に家族を扶養する意識が残存しているためという指摘を受けた。

まさに八〇年代に強化された、「日本型福祉社会」のための「男性稼ぎ主モデル」が、社会の首を絞めているわけだ。

「男性に扶養されない」女性に対して、国はいまだ態度を保留したままだ。シングルマザーに対して国がどのような眼差しを持つのかは、その国が女性をどのような存在として見ているのかと全く同義なのにもかかわらず……。

児童扶養手当の減額

児童扶養手当――これはまさに母子家庭の生命線と言っていい。子育てをしていたとき、この手当にどれほど助けられてきたことか。生活費の足しになるだけでなく、第一章で水野敦子さんも述べていたが医療費が無料になったり、水道料の基本料金が免除になったりと、生活のさまざまな場面で母子家庭生活を下支えしてくれるものだった。

当時、子ども二人で月額四万円ちょっと、それが年に三回、四ヶ月分がまとめて支給となった。この日をどれほど待ち望んだことだろう。子どもの怪我や病気、自分の歯科治療など、医療費が免除になることの恩恵はどれほど大きかったことか。

児童扶養手当制度は一九六一年に制定、支給には所得制限があるものの、何度か改定されても基本、一律の金額が支給されてきた。

ここに楔《くさび》を打ち込んだのが、一九八五年だった。国は全額支給の他に、一部支給というシステムを導入、多くのシングルマザーの反対にもかかわらず、制度改定を行い、給付額の大幅な削減を成し遂げた。

所得が一七一万円未満なら月額三万三〇〇〇円の全額を支給、所得が一七一万円以上三〇〇万円未満なら二万二〇〇〇円の一部支給という、児童扶養手当に二段階制を初めて持ち込んだのだ（以降今日まで、より残酷な方向へ変遷を続けている）。夫の扶養から飛び出した女に、払う金はもったいないとばかりに。

この一九八五年の児童扶養手当法改正は、外在的には財政支出削減を目的とし、内在的目的は母親の就労を通じて児童の福祉増進を目指す制度に改めることにあったとされる。外在的にはわかるが、母親の就労がなぜ、児童の福祉増進に繫がるのか。支給金額を減らされて生活苦となれば、児童の福祉増進どころではない。

遺族年金の創設

一方、手のひらを返すがごとく、『妻の座』にいる女性には、配偶者特別控除、相続の寄与分制度に加えて、新たな優遇制度が作られた。

それが遺族年金の充実だ。遺族年金は国民年金や厚生年金の被保険者が亡くなった場合、その人によって生計を維持されていた遺族に支給されるものだ。

一九八五年の年金制度改革により、従来の国民年金法の母子年金や遺児年金を「遺族基礎年金」に統合。死亡した夫が厚生年金の被保険者であれば「遺族厚生年金」も支給されるなどの「遺族年金制度」を導入、これまでより手厚く、充実した保障が用意されることとなった。

同じ母子世帯でも、死別という夫を亡くした妻には手厚い保障を用意し、離別という家庭から飛び出した女性には、唯一の生命線である児童扶養手当を減額するという、この露骨過ぎる差別。平気で差別をする国で生きていることに、暗澹たる思いが拭えない。

藤原教授はこの分断策を強く非難する。

「すなわち、これら一見して女性を優遇しているかに見える社会政策は、妻としての女性とそうでない女性を分断し、女性の経済力の獲得を阻害し、女性の貧困問題を覆い隠すものであり、妻の座の優遇措置と母子世帯の生活困難は表裏一体である」（前掲論考）

正直、怒りなしで先に進めなくなっている。私たちシングルマザーの生活苦は作られたものなのだ。国によって生命線を脅かされるばかりか、顧みなくてもいい存在であると言われているに等しいわけだ。

だから、ここが貧困元年なのだ。

藤原教授はこう結論づける。

「そして、女性にとっては、一方で雇用分野の男女平等を標榜《ひょうぼう》しつつ、他方で家族責任の分断・性別分業の強化・非正規雇用の拡大の道を開き、妻の座の経済的優遇と母子世帯への給付削減を行った1985年こそ『貧困元年』である」（前掲論考）

国により強いられた貧困を、私たちシングルマザーは生きているのだ。

私の一九八六年

生活保護を申請して、出産する。それは、簡単なことではなかった。二月中旬、私は退職した。一人事務員という職場ゆえ、代替職員を雇って、私の産休や育休を保障するということは望むべくもなかった。

出産予定日は三月末。三月に入り、役所の窓口を訪ね、生活保護を申請したいと申し出た。細かい経緯は忘れたが、両親がともに公務員であること、私が四年制大学を出ていること、東京で暮らす大学生の弟がいることなどが問題視された。

「あなたのような人が使う制度ではない」と、はっきりと言われ、それでも申請するのなら、両親それぞれの職場に扶養照会をかけると言う。

「娘が未婚で出産することになり、生活保護を申請していると、ご両親、双方の職場に告げることになりますからね」

まるで、申請を踏みとどまらせる脅しのように感じた。両親には手紙で妊娠を告げたが、二人は激怒した。もちろん、私の面倒を見るつもりはさらさらなかった。

ここは私の知り得ぬところだが、父と母それぞれに福祉事務所から電話があり、それぞれが「勘当しているので、面倒を見るつもりはない」と答えたのだと思う。

これで扶養照会が済んだと思っていたら、まだ、弟が残っていると言う。

「弟への両親からの仕送りを、あなたの生活費に回してもらうようにしてください」

愕然《がくぜん》とした。これが、予定日一週間前に言われたことだ。思わず、「ここで産みます！」と叫んでしまった。ごね得だったのか、あるいは拒否する理由がなくなったのか、予定日直前になってようやく、生活保護開始が決まり、四月中旬に長男を無事、出産した。

産後の生活を支えてくれたのは友人である女性たちで、ローテーションを組んでアパートに来て、料理や掃除、洗濯などをしてくれたし、沐浴《もくよく》も手伝ってくれた。男性の友人が、弁当を買ってきてくれるだけでもありがたかった。

忘れられないのは、最初の保護費の支給日だ。保護開始が決まったときに振り込み用口座を作ったにもかかわらず、手渡しの支給とされた。首も据わっていない新生児を横抱きにして、不安な思いで出かけたことを覚えている。そして役所のロビーで見たものは、生活保護費を受け取る人々がとぐろを巻くように並んでいる光景だった。見せしめのようだなと感じつつ、その列に並んだ。

息子が生後三ヶ月になる数日前、ケースワーカーから電話があった。

「明日から保育園に行かせてください。お父さんが面倒を見ると言ってくれましたので、あなたの生活保護は打ちきります。あなたは働いてくださいさい」

田舎者の父はきっと、お礼を言ったのだ。「もう、大丈夫ですよ」とか、言ったのかもしれない。これで、私の生活保護の打ち切りが決まった。もちろん、両親から定期的な金銭的援助は以後も、一切ない。

打ち切りの手続きに呼ばれた福祉事務所では、「生活保護を辞退する」書類を書くように勧められたが、それは断った。私は決して、辞退したわけではなかったから。

指定された保育園では、園長が驚きを隠さなかった。定員オーバーで、しかも月の途中からの入園は初めてだと言う。当時も待機児童問題は、多少はあった。しかし皮肉にも、私は生活保護打ち切りのおかげで待機せずに済んだわけだ。

アトピーがある長男に、保育園でミルクを与えたくはなかった。園に届ける冷凍母乳を作る必要があったため近所で職を探し、ヤクルトレディとして働いた。この月に一〇万ちょっとの収入と、子どもが寝た後、夜は進研ゼミの添削を行い、何とか暮らしていた。

ちょうどその頃、赤ん坊の顔が見たいとボスに言われ、事務所を訪ねた。赤ん坊を抱いた後、ボスは言った。

「生活保護の電話が、僕にもきたよ。キミに、ケチくさい思いをさせて悪かった。これは退職金だ。生活の足しにしてくれ。八〇万で、少ないけどな」

目の前に、現金がどんと置かれた。いつも、ボスには泣かされる。

保育園ではよほど頼りない母と映ったのか、〝肝っ玉母さん〟たちが、子どもが病気で園を休めば惣菜を買ってきてくれたり、大掃除の仕方も知らないだろうと、年末に道具を持ってきて、手取り足取り教えてくれた。休みの日はシングルマザーの〝母さん〟たちと公園で子どもと遊んだり、保育士さんを交えての子どもと一緒の食事会も頻繁に開いてくれた。

いろんな人に助けられての、一九八六年だった。

このときはまだ、地道に働いていけば暮らしはだんだんラクになると思っていた。まさか、二十数年後に貧困に喘ぐ日々が待っているとは、一片たりとて思いはしない。世はバブルに突入、金が飛び交う狂乱の時代へ。ヤクルトレディのシングルマザーにバブルの恩恵は望むべくもなかったが、明るい時代の空気に、「子どもと二人でも、何とかなる」と日々、配達の自転車を漕いでいた。

しかしすでに、女性の貧困への種は、密《ひそ》かに蒔《ま》かれていたのだった。

インタビュー　一九八〇年代以降の無策がシングルマザーを苦しめている

宮本みち子（千葉大学・放送大学名誉教授）

日本はなぜ、世界の情勢に反して、八〇年代に女性を家庭の中に繋ぎ止めようとする政策を推し進めたのか。

宮本みち子さんにお聞きしたかったのは、このことだった。それが現在に、どう影を落としているのかも。八〇年代に舵を切った、「日本型福祉社会」自体、とっくに破綻しているとしか思えない「今」だからこそ。

二大潮流のせめぎ合い

当時、どのような流れで「日本型福祉社会」に行き着いたのだろうか。インタビューは、この問いから始まった。

「一九八五年、男女雇用機会均等法が成立しましたが、同じ年に、専業主婦を優遇する制度がいくつも作られました。このことを、どう捉えられますか?」

宮本さんは軽くうなずき、話し出した。

「あのとき、結構、政治的な綱引きがあったと思うんですよ。将来を見据えて、女性の労働力活用が必要だという認識も政権内にはありました。女性の就業率を上げて、戦力として使おうという立場ですね。ただ、女性の就労促進となると、専業主婦の立場をどうやって守るのかと主張する、一大勢力もまたあったわけです。政治家など社会で実権を持っている恵まれた男性層の妻はほぼ専業主婦ですから、その専業主婦をどう守るのかという立場ですね」

意外なことだが、当時の自民党政権内にも、女性をきちんとした労働力として社会に進出させようという考えもあったのだ。

「そうです。この二大潮流のせめぎ合いです。そのために専業主婦保護の制度ができる一方で、女性の社会参画を推進する均等法という、矛盾した動きが同時に進んだわけです」

男女雇用機会均等法は当時、華々しく喧伝《けんでん》されたが、合わせ鏡のように作られた、専業主婦優遇制度はひっそりと作られているように思われる。少なくとも、「女性の貧困元年」

という視点を得るまで、私は専業主婦優遇制度について全くの不知だった。

もう少し、当時の事情を聞きたい。

「当時、産業構造からいえばサービス経済が中心になっていたわけですから、女性の労働力は必要になっていたし、今後ますます必要になるであろうことは認識されていました。そこから、均等法ができたという流れもあると思います。先進国と同じように、働いて自立できる女性を増やす必要があるという立場ですね。

しかし一方で、先述のように男性大黒柱の家族というものを前提として、専業主婦がいて、家計補助的な女性活用でよいのだという、従来型の家族を守りたい政治勢力もありました。

そこで専業主婦保護政策と、女性労働力の市場化政策という矛盾した制度が、八五年に作られたわけです」

女性の分断

男女雇用機会均等法で、女性も「総合職」として男性同様に活躍できるようになったわけだが、それはほんの一握りの女性だった。

「総合職で、男性並みに働いてよいとされた一部のエリート女性は、結婚も子どもも捨てるしかありませんでした。男性並みの働き方というのは、そういうことですから」

確かに、家事や育児をすべて担い、自分の身の回りの世話をしてくれる人がいなければ、「男性並みの働き方」は不可能だ。

「そうです。だから、専業主夫を持てない総合職の女性たちの大半は、結婚という選択を諦めざるを得なかったわけです。当然、子どもを産むことも不可能です。あるいは、実家の親の全面的な援助が必要でした。その上で手にした、自立だったわけです。恵まれた賃金を手にでき、自立できたのはごく一部の女性です。

こうした総合職の女性たちがいる一方、非正規で働き、夫に養ってもらわなければ生きていけない専業主婦たちもいるわけで、いわばここで、女性の分断というレールが敷かれました」

ということは、女性は意図的に分断されたというのだろうか。

「そうですね。すなわち、女性の中に格差が作られたわけです。〈総合職〉〈パートタイマーを含む妻〉、そして守られない〈シングル〉の三つですね」

三つ目の「シングル」は非正規労働で働く女性たちが多い。宮本さんは彼女たちを「誰にも守られない存在」だと言う。もちろん、ここにはシングルマザーの多くも含まれる。

「日本の戦後がユニークなのは、人々の暮らしは会社と家族が守ってきたという社会構造が根幹にあるということです。会社は社員を丸抱えして、その家族までを含めて守る。ですので、会社からはみ出た人を守る制度を日本では作ってこなかった。家族もそう。人はみんな家族の中にいて、会社に属しているものだった。その家族というのも、大黒柱の夫と専業主婦またはパートタイマーの妻、子ども二人という〝標準家族〟が想定されていました。ここからはみ出た人については、制度は一切想定していない。ですので、先ほど、『守られない』と、シングル女性の前につけたわけです。

会社と家族、教育現場がこの三〇年かけて、総崩れになりつつあるのに、制度は抜本的に変わっていないと言えますね」

今へと至る〝歪《ゆが》み〟が、八〇年代半ばから始まったということなのか。

「たとえば欧米では、自国民だけでは労働力が不十分だということが見えてきたのが六〇年代でした。日本では八〇年代までは、豊富な男性労働力がありました。出生率がまだ順調で、夫婦で二人の子を産む時代だったので、女性の労働力をあてにしないで済んでいたわけです。そうした幻想が、八〇年代まではあったのです。

さすがに九〇年代になると、少子化の問題が見えてきます。ただこの時点では、人口学者も政府も甘く見ていた。九〇年代は女性の就業率が上がり、女性の非正規労働が増えていくのですが、この時点では、まだ婚姻率は高かった。多くの女性はいずれ結婚するだろう、いずれ大黒柱に扶養されるだろう、少子化もそれほど深刻ではなかろうと見られていたのです。離婚率も上がってはいましたが、欧米と比べれば低いため、シングルマザーとなるのは例外だと見られていました。それがいかに甘い見方だったか、そのツケが回ってきたのが二〇一〇年代です」

女性の社会進出は、非正規労働者として

八五年時点の見通しどおり、九〇年代になっていよいよ、日本でも女性の労働力をあてにしなければいけなくなった。

「欧米先進国では女性が社会に出たのは、六〇~七〇年代でした。日本より二〇年早いのですが、この時期の労働市場は、正規雇用の時代でした。ゆえに、女性は正規労働者として社会に出たのです。日本では九〇年代になって働く女性が増えたのですが、ほとんどが非正規雇用として社会に出ることになりました。こうした欧米との歴史の違いがあります。九〇年代に入り、グローバル経済競争時代を迎えたとき、日本は派遣労働など、人件費を削るために非正規労働を増やすことで対応したのですが、女性はそもそも、そういう形で社会に進出させられたわけです」

現在、派遣切りに怯《おび》える派遣労働者の不安定雇用が、大きな問題となって久しい。見方を変えれば、正社員を増やすのではなく、派遣社員で対応する企業の姿勢自体、すでに「日本型福祉社会」を否定しているに等しいと言えるのではないか。

派遣労働の導入についても聞いてみた。

「当初は労働組合の反発もあったし、国も派遣労働を認めていくことへの抵抗は強くありました。八〇年代は、不安定雇用の労働者を増やすことへの懸念が強かった時代でもありました。

しかし九〇年代になると、企業側の要請が非常に強くなってきます。グローバル経済の中で国際競争に勝つためには、生産性を上げないといけない。それには何より、人件費をカットするのが手っ取り早いと、企業側は考えたわけです。さらに産業構造の変化で、需給調整が一週間単位で変わるようになり、正社員の残業では調整できなくなりました。その状況に派遣労働などで対応するという方法を、企業側は九〇年代に編み出していくわけです。

こうして企業側は、規制改革をやってもらわないと需給調整ができないから困ると、政府に強く派遣法改正を働きかけ、最後には何でもありの段階まで来たわけです。

その中で女性の労働力も非正規でよい、女性の事務労働もＩＴ化で、正社員を雇う必要はないとなりました。派遣、非正規、有期限雇用など、規制改革で、なんでもＯＫになったわけです」

これが小泉内閣の「聖域なき構造改革」だ。以降、大きな問題となっているのが、正規雇用と非正規雇用の大きな賃金格差で、それはますます深刻化している。

「もちろん欧米にも非正規雇用はありますが、雇用契約上の非正規が圧倒的に多いのは日本だけです。かつ、正規と非正規の所得格差が大き過ぎるのも、日本だけです。ＯＥＣＤから改善勧告が出ているほどです。

ヨーロッパにも雇用の流動化はあるものの、日本のようにこれほど正規と非正規の大きな格差は開いていません。それは、これらの国では、雇用の流動化を高めつつも、労働者の権利を守る力学が働いたからです。日本は非正規労働者の待遇をぐんと下げて、一方で、正規社員を守ったわけです。

ただ、非正規労働が悪いとばかりは言えなくて、非正規であっても、生活がちゃんと成り立つ賃金ならよいわけです。また、年金など、将来の見通しの立つ社会保障制度があれば、非正規雇用でも絶対にダメだとは言えません。でも、日本の場合、そういう選択肢がない」

だから、非正規労働が大きな比重を占める日本のシングルマザーは、貧困に喘いでいるのだ。

「そうです、一人で家計を支えるシングルマザーは、働いても、働いても、これだけ貧困率が高いわけです。シングルマザーの就業率は八〇％。日本のシングルマザーは世界で一番働いているのですが、暮らしていけないわけです」

八〇年代の〝幻想〟のツケが今

八〇年代から九〇年代にかけて、制度的に見逃され、曖昧にされてきたものの〝ツケ〟が今、顕著に現れてきているということなのか。その〝ツケ〟とは、具体的には何を指すのだろう。

「まず、出生率についての甘い見通しですね。合計特殊出生率が一・五七になったのが一九八九年。これは〝一・五七ショック〟と言われました。少子化による労働力不足に突入することが見えていたのですが、どこかで歯止めがかかると思っていた。もっと早くに、年金の財源も枯渇するという危機を察知すべきでした。行政側も研究者たちも、ここまで少子化が進むと思っていなかったと、今になって言います。二〇一〇年になるともはや晩婚化ではなく、完全に非婚化だということが婚姻率の統計データから出てきています。

本来なら、女性の労働力も活用するという、〝男女総働き〟社会に転換しなければいけなかったわけですが、甘い見通しのもと、曖昧な政策が取られてきた結果こそが、〝ツケ〟

と言えるでしょう。ここにきて、女性活躍など女性政策が大きく扱われるようになってきていますが、それは男女平等という理念ではなく労働力不足ゆえのこと。男性の労働力だけでは、もういかんともし難くなって、ようやく政府も重い腰を上げたわけです。

九〇年代に明らかになった女性の労働問題と、家族にすべてを委ねるという政策の歪みが露《あらわ》になったのが、二〇一〇年代です。国が子どもの貧困を認めるようになったのも、二〇一〇年以降。子どもや若者、女性、高齢者の貧困だけでなく、現役年齢の生活保護受給率がぐんと上がり、壮年期の貧困も明らかになった。その中で、生活困窮者自立支援法ができるわけです」

とりわけコロナ禍の今、女性の貧困が問題となっている。それは八〇年代、自民党政権が誤った舵取りをした結果なのだ。

「シングルマザーにしろ、シングル女性にしろ、女性が困窮状態にあるというのが、今、大きな問題となっています。とにかく、女性が働く環境のお粗末さですね。職歴や資格がない女性たちに、生計が成り立つ仕事を提供するような企業はない。資格や職歴があっても、低賃金で苦しんでいる女性も多い。つまり、日本では女性が一家を支えることを前提にしなかった長い歴史の中で、採用制度含め、子どもを持ちながら働ける環境が存在しないわけです。

正規雇用というのは、この国では男並みの働き方を意味します。朝は早く出社し、夜は毎日残業というのが労働条件ですから、シングルマザーが小さい子どもを抱えて、正規雇用で働けるかといえば、土台、無理」

コロナ禍では飲食、サービス業など女性労働の比率が高い業種で失職が頻発、悲しいことに女性の自殺率が近年になく高い水準で推移している。二〇二〇年は前年より一五％増え、とりわけ働く女性の自殺が急増している。

「女性の貧困の原因として、教育がお粗末だということも大きいです。進路多様校の女子生徒たちって、将来、働こうという気がない子も多いんです。できることならいい男を捕まえて、専業主婦になりたいのでしょうか。女の仕事の世界の辛さを感じているからかもしれません。でもこれは、リスクが極めて高い。高校での職業訓練と就労支援が非常に重要になってきます。

しかも今や、低所得専業主婦世帯も出現しています。夫の収入が低いのに、待機児童などの問題で保育園に入れず、妻が働くことができない世帯です。共稼ぎでなければ生活は成り立たないのに、それができない中で貧困状態を余儀なくされているわけです」

男性稼ぎ主を長として崇《あが》め、妻は夫に従属する「標準家庭」こそ、本来の家庭のあり方だとする男尊女卑思想の持ち主たちにより作られた幻想こそが、多くの人に閉塞感をもたらし、社会の首を絞めている。そして、それなのに今でもその残党たちが幅をきかせているのが、この社会の現実なのだ。

宮本さんの話を聞き、多くのシングルマザーにこの言葉を届けたいと強く思う。

「あなたの貧困は決して、あなたのせいではない。国により、意図的に作られたものなのだ」

第三章 老後などない

二〇一七年発表、最新の「全国ひとり親世帯等調査結果報告」から、ひとり親世帯になった「理由」別の統計を見てみると、母子世帯の場合、一九八三年では「死別」が三六・一％、離婚や未婚などの「生別」が六三・九％だったのに対し、二〇一六年では「死別」が八・〇％、「生別」が九一・一％と、全体の九割を占めていることがわかる。

今や、シングルマザーのほとんどが離婚や未婚など、国が「想定していない」女性たちなのだ。前章で見てきたように、国が想定する女性とは「日本型福祉社会」の担い手として、「夫と妻、子ども二人」という〝標準家族〟の妻であるべきなのだ。だから、夫と添い遂げた「死別」女性に対して国は、「遺族年金」という、夫亡き後も生活を支える〝ご褒美〟を用意している。

一方、夫と別れ、家を出た女性や、そもそも妻にもならなかった未婚の母には、子どもが一八歳になる年度まで支給される児童扶養手当しか、生活のために使える制度はない。児童扶養手当は「ひとり親」が対象ゆえ、死別世帯にももちろん支給されるものだし、あくまで子どもを養育するための支えであって、生別のシングルマザー自身への直接的支えは、何もないと言っていい。

繰り返しになってしまうが、死別でシングルマザーとなった女性には、再婚しなければ生涯にわたる「遺族年金」があるのに対し、末子が一八歳を超えたシングルマザーには何もない。

それだけでなく、課税という場面においてすら、生別と死別には、きちんと「差」が忍ばせてある。

それが、所得税の優遇措置である寡婦控除だ。離婚によるシングルマザーの場合、子どもが独立すると、寡婦控除も同時になくなるのだが、死別の場合、子どもが扶養から離れても寡婦控除はなくならない。老年になろうが一生、課税対象額から二七万円（合計所得が五〇〇万円以下の場合）が控除されるのだ。控除された金額に課税されるわけだから、支払う税金は少なくて済む。

寡婦控除とは所得税法上の優遇措置の一つで、一九五一年、戦争未亡人を救済する目的で創設された。それが、扶養親族を持たない死別の寡婦にまで拡大されたのが、一九七二年。ここで、死別の妻には一生、寡婦控除が適用されることになったのだ。それは、なぜか。

夫と死別した女性は夫の親族とのつきあいなど、生活上の負担や精神的負担もあることから、死別に限定して寡婦控除を拡大したというのが、当時の国の見解だ。夫の位牌《いはい》を守る妻を、税法上でも優遇しようということなのか。

これは、夫との死別は辛いが、離婚はそうでもないだろうと国が言っているのと同じだ。このような偏見に基づいて、所得税のあり方が作られていることは、問題なのではないだろうか。死別と離婚で税法上、異なる適用要件を行う国というのは、他にあるのだろうか。

それどころか、寡婦控除が未婚のシングルマザーに適用されるようになったのは、何と令和の世なのだ。国は婚姻の有無によっても、寡婦控除の適用条件を変えていたわけだ。二〇二〇年の法改正で「ひとり親控除」が設けられ、ここでようやく、未婚のシングルマザーにも控除が認められるようになったわけだが、日本という国の法律婚主義のあまりの壁の厚さに、目が眩《くら》むばかりだ。

ひとり親への「なり方」で、支援や税法上においてすら差をつけるのが、この国なのだ。

この章では、三人のシングルマザーの声を聞いて欲しい。第一章で登場した女性たちより若い、四〇代のシングルマザーたちだ。

森田葉子　貧困の連鎖は断ちきったけれど

「息子、お正月に帰ってきたけど、たったの二泊で帰っちゃった。もう、しょうがない。どうしようもないね」

東京近郊に住む、森田葉子さん（仮名、四八歳）は何かを突き放したように笑う。

昨年、二六歳で結婚した一人息子のことだ。元旦に帰省したが、さっさと自宅に戻って行ったと言う。楽しみにしていただけに、葉子さんは拍子抜けしたような気分だ。

「やっぱり、彼にとっては、自分が作った家庭が一番落ち着くのだと思う。もう、うちじゃなくてね」

葉子さんは自分に確認するように、言葉を繋ぐ。

とはいえ、一人暮らしの寂しさはあるが、これまでシングルマザーとして生きてきた中で、今が最も経済的に平穏な日々を送っていることを実感する。それだけは、本当にありがたいことだと心から思う。

葉子さんの仕事は、宅配便のドライバーだ。パートだが、二五年以上の勤務実績を持つベテランだ。目の前にいる小柄で華奢《きゃしゃ》な葉子さんが、よく重い荷物を持って階段を駆け上がれるものだと正直、驚嘆せざるを得ない。

息子は四年前に理工系の大学を卒業し、正社員として、建築系の会社に就職が決まった。その頃からようやく、微々たるものであっても、葉子さんは「自分の老後のために」、貯蓄ができるようになった。

「だって、私には、何もないから」

葉子さんには親やきょうだいなど、頼れる身内は誰もいない。老後は、たった一人で生きていくことを覚悟している。

夫に抱いた嫌悪感

小学五年生のときに、葉子さんは事故で父を亡くした。そして残酷なことに、一五歳のときに、母を病気で喪《うしな》ってしまう。

年の離れた姉が三人いたが、それぞれが自分の生活のことで精一杯で、未成年の葉子さんの面倒を見る余裕は一切、なかった。

葉子さんは中学卒業と同時に、住み込みで働くことができる美容院に就職した。一人で食べていく道は、それ以外になかったからだ。

「全然、やりたい仕事じゃなかった。むしろ、嫌いな仕事だった。髪を触るのが嫌で……。女性の職場だというのも苦手だし、おまけに先輩たちはすごくいじわるだった」

アパートを借りられるだけのお金を貯め、葉子さんは美容院を辞めた。一八歳のときだ。その後は、飲食店で接客のアルバイトに就き、アルバイト先で知り合ったのが、元夫だった。三歳年上の彼とは、なぜか、話が合った。

二〇歳で結婚し、二人は飲食店のアルバイトを辞め、宅配業者で働くことにした。夫は正社員として長距離運転をこなし、葉子さんはパートとして昼間の勤務に就いた。

「車の運転が大好きだから、宅配便の仕事は楽しかった」

やっと自分に合った仕事に出会ったと、葉子さんは確信した。

二二歳で長男が生まれた。息子が生後三ヶ月になった時点で、保育園に預け、葉子さんは宅配便の仕事を再開した。共働きでないと、生活が厳しいからだ。

いつしか、葉子さんは夫に対して、どうしようもない違和感や嫌悪感を抱くようになった。

「私は結婚したのだから、ダンナと私が作る家庭を大事にしたいと思っていた。でも、ダンナは違っていて、実家を含んだのが家庭だった。実家をすごく大事にしていた。そこが、私とは違うと思った……」

義母からしょっちゅう、電話がかかってくるのも負担だった。

「いずれ、同居するというのが前提となっていたのも、今にして思えば嫌だったんだよね。同居して、介護するんだろうなーと漠然と思っていたけど、嫌だった」

いつからか、夫にもっと強い拒否感を持つようになった。顔も見たくないし、話もしたくないと強烈に思った。多分、息子が小学一年か、二年のときだ。

「私、誰に対しても、一回、そう思っちゃうとダメなんだよね。この人、嫌だな、顔も見たくないってなると、もうどうしようもない。ダンナに対して、そうなっちゃった」

夫は夜間勤務ゆえ、すれ違いの生活も原因にはあったと思う。何より決定的だったのは、夫が仕事を辞め、借金をするようになったことだ。

「仕事を辞めたのは、別にいいの。でも、その後なんだよね。なんか、人任せで動かない。そして、借金まで作っている。これを知ったとき、もうダメだと思った」

半年間、自分と一言も話をしない妻を不審に思った夫は、自身の友人を入れて、妻との話し合いの場を持った。半年ほど話し合いを続け、二人は協議離婚の道を選んだ。

「離婚を決めてから、姉を入れて話し合いをしたんだけど、私、養育費は別にいいかな、いらないなと思った。向こうにしても、私のわがままが原因での離婚と捉えていたし。ただ、姉が『子どもが大きくなったときに、（甥っ子を）助けて欲しい』と懇願して、彼（元夫）はそのときのために、お金は貯めておくと言った」

こうして離婚が成立したのだが、葉子さんは結果として一年、元夫とアパートで同居した。引っ越し費用がなかったからだ。

「離婚後に応募した公営住宅の入居が決まって、その入居待ちの状態だった。彼にアパートを出て行かれたら、私一人では家賃を払えない。だから、これでよかったのだと思う。

動こうにも、動けなかった。でも、家では彼とは滅多に会わない生活なので、別に平気だったけど」

公営住宅に空きができ、新生活を開始したのは、息子が小学三年のときだった。家賃は二万円台、これなら何とか暮らしていけるはずだった。

クレジットカードの罠《わな》

宅配便の仕事は、朝の八時半から一四時半までの六時間。

「私、何か、物を食べると、重い荷物が持てなくなるの。だから、身体に何も入れない状態で仕事をしている。そうなると、この時間までが限界」

給料は、一三〜一五万円の間を行ったり来たり。ここに児童扶養手当の月四万円ほどがつく。しかし、この金額で二人が生きていくのは難しかった。

「国民健康保険も国民年金も、とても払える状態ではなくて、ずっと滞納していました」

国民健康保険の滞納が続いたことで、市役所から督促状が来て、窓口に呼び出された。市から通告されたのは、通常なら一年で切り替わる保険証が、半年ごとに交付を受けなければならない「短期証」となること、滞納している国保を分納して払わなければいけない、ということだった。

「国保って信じられないぐらい高くて、私には払えって言われても、実際、無理な金額でした。分納で、何とか、時間をかけて払っていきました」

国民健康保険は高いというのが、私の実感でもある。それも知らないうちに、どんどん値上がりしていく。私も払うことが難しく、分納していた時期もある。

このとき、窓口で勧められ、国民年金については遡って、「免除」の手続きをした。「免除」の申請をしておけば、年金受給者の権利を有し続けることができ、金銭的な余裕ができたときに、過去の分を払うこともできると説明を受けた。

実は、私も葉子さんと同じだ。長い間、「免除」の手続きをしてきた身でもある。

やがて、生活費にも支障が出るようになった。

「実際に宅配便のパート代だけで、一ヶ月をやりくりするのは不可能でした。だから、クレジットカードでキャッシングをして、パート代が出れば返済するという、その繰り返し。私、離婚と同時に、クレジットカードを作ったんです。セゾンカードは審査が厳しくて通らなかったけど、どこかのカードが作れたの。だから、そのカードでキャッシングして、何とか、生活を回していたんです」

もう少し、仕事を増やすことは考えなかったのだろうか。

「それが、そうは思えなかった。何より、息子との時間を大事にしたかったから。一人にして、寂しい思いはさせたくなかった」

確かに、私自身もフリーという働き方を選んだのは、小学生の次男との時間を大事にしたかったからだ。その時間は、どうやっても戻ってこない、かけがえのないものだった。葉子さんの気持ちは、私にはよくわかる。たとえ収入は低く不安定であっても、子どもの成長に可能な限り、寄り添いたい。

昨今、子どもの「夜の一人暮らし」が問題になっている。二人に一人のシングルマザーが相対的貧困状態にある今、ダブルワークをしないと食べていけないため、夜間も働かざるを得ない。その間、子どもは夜、一人で過ごすことになる。

そこまでして「働け」と、この国はシングルマザーに迫る。シングルマザーに働くことだけの役割を求めたら、子育ては誰が担うというのだろう。シングルマザーは〈子どもをケアする存在〉でもあることが、日本のシングルマザーの施策からはすっぽりと抜け落ちている。

話を戻そう。キャッシングは決して無利子ではない、むしろ高額の利子がつきものだ。キャッシングで生活費を補填し、給料が入れば返済に充てるという生活がいつまでも続くわけがない。このことは第一章でも、散々見てきたことだ。葉子さんも、まさにそうだった。

「まず、返済が滞るようになったんです。もう、無理だと思いました。給料が全部、返済に持っていかれてしまうんです」

息子が中三のときだった。葉子さんは自身で調べて、「債務整理しかない」と思った。債務整理とはどのようにすればいいのか、手続きについて相談できるのは、元夫しかいなかった。

「私は借金の額がそこまで大きくないので、自己破産ではない何らかの債務整理がいいと思ったんですが、正直、自己破産まで覚悟しました。元ダンナは、『自己破産はやらないほうがいい』と言ったんです」

元夫が提案したのは、債務整理の「任意整理」というやり方だった。裁判所を介さずに交渉して、分割返済で和解を成立させる手続きだ。そこで葉子さんはカード会社に連絡を取り、個別に対応してもらうよう願い出た。

「教えてもらったように、カード会社に電話をしました。そして、会社と話し合いの場を持ちました。そこでカードを止めて、残っている返済分を、分割で払う手続きをしたのです。確か、五年か六年かけて完済しました。このことがあるので、今も私はクレジットカードが使えない状態です」

貧困の連鎖を断ちきる

それでも返済という無限ループから逃れることができ、葉子さんは心からホッとした。息子は高校受験を迎え、公立高校に合格した。ちょうど、公立高校の学費が無償化となった年だった。学費の心配こそなかったものの、葉子さんの不安は大きかった。果たして支障なく、息子の高校生活を保障できるのだろうか。もう、クレジットカードでのキャッシングは使えない。自分の給料ですべてを賄わないといけないのだ。時給はそれほど変わっていない。

この思いを中学の担任に伝え、相談したところ、奨学金を提案された。

「中学校で手続きをした記憶があります。それは、今も返済しています。返済は、年間五万円ほどです。毎月、小さな額ですが入金されるというもので、定期代とか、息子は野球をやっていたので合宿代とか、いろいろ出ていくものがあるわけで、それに使いました」

この頃から息子は、父親とよく会うようになった。中学に入った時点で、葉子さんは息子に話をした。

「あなたにとってのお父さんなのだから、いつでも連絡を取って、会えばいいよ」

父と息子は映画という共通の趣味もあり、頻繁に出かけるようになった。元夫は養育費こそ払わないものの、息子にとって必要なものにはお金を出した。

「野球の合宿代とかグローブ代とか、息子はよく、父親に『助けて』と言っていたみたい。それを元ダンナは払ってくれていました」

高校三年になった息子に、父は大学進学を勧めた。自分が高卒だったため、大学を出ておいたほうがいいと思うことが何度もあったからだった。

「そしたら、息子もその気になって、でも夏まで野球をやっていたから、とにかく『入れるところなら、どこでもいいや』と、たまたま受かった工学系の大学に、奨学金を借りて入りました」

私立の理系大学ゆえ、学費は高い。四年間を通して、おそらく五〇〇万円以上にはなるだろう。そうであっても息子自身、奨学金という「借金」を覚悟した上で、大学に行く道を選んだ。

この奨学金という「貧困ビジネス」が今、多くの若者を苦しめているのは周知の通りだ。私の二人の息子も例外ではない。特に次男は理系の大学で修士課程にまで進んだため、八〇〇万円超という多額の「借金」を抱えて社会人となった。次男の場合、私以外に保証人が立てられなかったため、「機関保証」という形でしか借りられず、毎月「保証料」を天引きされての支給だった。

ＯＥＣＤ各国の中で、国立大学の学費がこれだけ高く、かつ限定的な給付型奨学金しかないのは日本だけではないだろうか。

それにしても、どこが、「奨学金」だというのだろう。何と、利子までつくのだ。通常、社会でお金を借りるとなれば、いくらの収入があって、返済能力はどうかと審査されるものなのだが、これから何者になるかもわからない若者に、いきなり利子つきの金を貸し、滞納すれば消費者金融のごとく徴収にあたる。これが、「奨学金」と呼べるものだろうか。「貧困ビジネス」以外の何ものでもない。

ちなみに、返済二年目の次男のある月の返済額は、元本二万三〇〇〇円と利子一二〇〇円を合わせた額となっている。トータルで二四〇回の返済となるのだが、一回目の返済時の利子は一二九六円、二三九回目は一一円。返済の初期段階で利子を回収してしまう仕組みとなっている。

こんな厳しい状況下にあって、葉子さんの息子には、奇跡としか言いようがない幸運な出来事が起きた。

「元ダンナに、遺産相続でお金が入ったんです。それを全部、息子の奨学金返済に使ってくれました。多分、五〇〇万円ぐらい払ってくれたと思います」

こうして息子は借金を背負うことなく、建築系会社の正社員として社会人となったのだ。この父親の対応を見ていると、第一章で登場した、川口有紗さんの元夫を思い出さずにいられない。有紗さんの元夫は、学費など教育費にはほとんどお金を使うことはなかったが、自分が経営する会社に長男を引き入れるためには、お金を出した。それは、子どものためというより自分のためだ。子どもの人格や将来を大事に思っての出費ではない。

葉子さんの息子は就職して半年経つか経たないかの頃、家を出た。学生時代からつきあっている彼女と、一緒に暮らすためだった。

そして、二六歳で結婚。結婚式には、元夫の晴れやかな笑顔もあった。

「男の子って、男親がいいのかな。趣味も合うし、いろんな話ができるから、楽しいみたい。元夫はとにかく、『俺は、息子のことが大好きだ！』って、はっきり言う人だから。多分、生命保険の受取人も息子だよ。だから、息子は大丈夫だと思う。心配なく、生きていける。早く家を建てたいって。それが、夢だって」

一五歳で、天涯孤独の身を覚悟した葉子さん。中卒で社会に出ざるを得なかった女性がシングルマザーとなり、その息子は見事に、正社員として社会に着地した。葉子さんは、貧困の連鎖をきっぱりと断ちきることができたのだ。

ウルトラCの奇跡

ひとり親家庭の研究を続ける、前出の神原文子さんは、『子づれシングルの社会学』という著書において、このように述べている。

「親の学歴と子どもに関する最終進学目標との関連をみると、『中卒・高卒』の母親のうち、子どもに『短大・大学・院』進学を期待するのは37・9%であり、『短大・大学・院卒』の母親の71・2%とは大きな開きがある。(母親の)学歴が『中卒・高卒』で、非正規就業ゆえに低収入の場合、子どもの大半は『中卒・高卒』の可能性が高いと推察される」

この論考の中で神原さんは、母子世帯で育つ娘の四五・三%、息子の三〇・三%は、非正規就業か無職となり得ると試算している。

このデータを見ただけでも、葉子さんの息子は例外中の例外とわかる。奨学金の返済がなく、正社員として社会人生活をスタートさせることができたのは、まさに奇跡でしかない。それはひとえに、五〇〇〇万円ものお金を息子のために使うという、父親という支えがあったからだ。それも、離婚して離れ離れになったとはいえ、自分の息子を大切に思う気持ちと、たまたま手にした遺産という原資があってのことだ。

考えてみれば、こんなウルトラCの奇跡でも起きなければ、非正規就業の母の元で育つ子どもは、貧困の連鎖を断ちきれないことになる。

身体だけが資本

数年前から、葉子さんが勤務する宅配便の会社では、パートも社会保険加入の対象となった。

「健康保険と年金を会社が持ってくれるのは、すごく大きい。本当に助かっている」

現在の勤務時間は、八時半から一六時まで。長期勤務者ゆえ、時給は一五〇〇円、月に二〇万円ほどの手取りになる。一人暮らしのため、食費や光熱費も子育て期より少なくて済むし、インドア派で家の中でゆっくり過ごすことが好きな葉子さんは、娯楽費もそうかからない。だから、貯蓄も可能となった。

子育ては終えた。息子の未来に心配はない。しかし、葉子さんの前途は明るいものとは言い難い。

「体力勝負のこの仕事を、いつまで続けていけるのか。今はまだ四〇代、だから働いていけるけれど、五〇代、六〇代になっても体力的にやれるのか。何歳まで、この仕事を続けていけるのか」

身体だけが、資本の仕事だ。資格も、手に職もあるわけではない。ドライバーとしての経験を一体、何歳まで活かしていけるのか、それは本人にもわからない。

「私の老後には、何もない。息子に頼ることもできないし、向こうにしても、二人だけの生活で精一杯。母親への援助など、到底無理」

数年前から厚生年金に加入したとはいえ、微々たるものだ。国民年金は免除のまま、遡って払える日は永遠に来ないだろう。ということは老後、年金だけで食べていくのは不可能なのだ。ドライバーが無理なら、介護や掃除など、高齢女性ができる仕事に就くしかないのだろうか。それも、身体あってのものだ。

子育てを終え、シングル女性となったかつてのシングルマザーに、老後を生き抜く力や資産などあるわけがない。希望を見出《みいだ》す光など、目を凝らしてもどこにも存在しない。

葉子さんの未来は、多くのシングルマザーないしシングル女性に共通のものだ。

将来に何か、たった一つでも〝希望〟が見えるのなら……。子育てを終えた、多くのシングルマザーが、身を切るほど渇望するものだ。

大野真希　セックスワーカーとして生きる

ほっそりとした、美しい女性だった。大野真希さん（仮名、四〇歳）。今回の取材を始めるにあたり、私自身のサイト（今は閉鎖している）で、シングルマザーの方へ話を聞かせてと呼びかけたところ、連絡をくれた唯一の女性だった。その意味で真希さんは、自ら志願して、私に自分の「これまで」を伝えようと決めた女性でもあった。

取材時の真希さんは、高校二年生の息子と二人で暮らしていた。シングルマザー歴が「大体、一七年ぐらい」と言うのだから、結婚期間が非常に短かったことがわかる。

真希さんは両親と姉との四人家族で育ち、実家は工務店を営んでいた。短大の英文科を卒業後、就職することもなく、キャバクラなどでのアルバイト生活を選んだ。

「就職氷河期だったから、面接で結構、落とされて……。もともとガッツもないし、必死に就活することもなく、アルバイトでいいかなって。バカだったんです。お金が入れば遊びに行ったり、洋服買ったり……。結婚して、専業主婦をやればいいって、軽く思ってました」

真希さんは何度も、「バカだった」と繰り返す。社会がこれほど不況になるとは、思いもしなかったと。世はまさに、就職氷河期、真希さんはロスジェネ世代だ。男性であっても、正規職に就くのは難しい時代だった。そもそも正規雇用の男女比は、男性が女性の倍以上の数で推移している。女性は男性から扶養されることを前提に、低賃金の非正規労働でいいとされてきており、正規職に就くのは男性より難度が高い。

たまたま誘われた合コンで、真希さんは憧れの人と出会い、つきあうこととなった。高校時代、サッカーで全国大会出場を果たした選手で、短期間だが、Jリーグにも所属していた。高校時代からファンだったという。

合コン後、すぐに交際がスタートした。三ヶ月後には妊娠、そしてでき婚というスピード婚だ。真希さんは二二歳、夫は二三歳。夫は当時、子どものサッカーチームでコーチをしていた。

「これじゃ、全然、稼げない。なのに、深く考えず、結婚しちゃった。憧れの人だから、舞い上がったんでしょうね。本当に、バカって感じ」

真希さんはサラリと、当時の自分を突き放す。

連夜の宴会と暴力

一緒に暮らしてわかったのは、夫は毎日、浴びるように酒を飲み、酔っぱらうとネチネチと絡んでくる酒癖の悪さがあることだった。やがて、真希さんへ暴力を振るうようになった。

「頬《ほ》っぺたをパーでパシーンと殴られて、もうショックでした。私は、これは耐えられないと思って……」

真希さんが「私は」というのは、夫の母、つまり義母が義父の暴力に耐え続けてきた人だったからだ。義父もまた毎日、大量に酒を飲み、妻へ殴る蹴るの暴力を振るう人物で、義母は長年、それに耐えてきた。

「夫はすぐ酒に飲まれて、ネチネチ因縁をつけて、パーやグーで顔を殴る。翌日、謝ってくることもあれば、覚えてないとかとぼけたり」

耐えかねて、友人の家に避難したこともあった。そうなると、夫は知っている限りの真希さんの友人に電話をかけまくり、連れ戻す。束縛も強く、真希さんが友人と出かけることを嫌がるなど社会的DVもあった。

二人は息子の誕生を機に、夫の実家に身を寄せた。夫の収入だけでは、子どもを育てていけないからだ。気が進まない同居だった。

「狭い家なのに、義父は夫の兄弟や自分の友人を呼んで毎日、宴会をやるんです。お金は全部、自分持ちで。トイレだって毎夜、行列ですよ。商店とか自営業なら、まだわかるんです。お客さまですから。でも義父は会社員、意味がわかりませんでした」

嫁なので、準備を手伝わないといけないのも負担だった。真希さんは「こんなところで、育児なんかできない！」と痛切に思った。義父の義母への暴言や暴力も否応なく目に入る。

「お義父さんのお義母さんへの暴力を見せられるのも耐え難く、一日も早く、この家を出たいって、それしかありませんでした。子どもが三歳とか、もう少し、大きくなるまで我慢して……というのは、私には無理でした」

子どもの首が据わった頃、真希さんは子どもを連れて実家に戻った。二度と帰るつもりはなかった。

半年後に、何とか協議離婚が成立。養育費は月五万円と決めたが、払われたことはこれまでない。養育費の取り立てに強制力はないことに加え、元夫はすぐに再婚し、子どもができたと友人から聞いた真希さんは、しょうがないと諦めた。

ちなみに今は、二〇一九年五月に民事執行法が改正され、「第三者からの情報取得手続」という新しい制度ができたことで、給与の差し押さえなどによる、養育費の取り立てが可能となっている。

キャバクラで綱渡りの生活

実家では、母親が寝たきりの状態だった。父と姉の三人暮らしに急遽《きゅうきょ》、乳児と真希さんが加わったことで、不協和音が生じた。姉は美容師という激務ゆえ、夜はゆっくり休みたい。なのに、夜泣きで眠れないと訴え、父もイライラを隠さない。

「私は実家が天国ではなかったし、夫の実家よりはマシというだけ。早く出て行かないと、という思いはありましたが、三ヶ月の子どもを抱えていては身動きが取れなくて、結局、一年ぐらい実家にいて、近くのアパートに引っ越しました」

引っ越し費用は、一ヶ月約四万円の児童扶養手当を貯めて捻出した。しかし、働こうにも保育園には入れない。今から一六年ほど前からすでに、保育園の待機児童問題が起きていたのだ。

「母子家庭だと言っても、ダメでした。保育園って働いていないと申し込めなくて、でも働き始めるには保育園に子どもを預けていないと働けない。これって、本当に矛盾しています」

最近でもよく聞かれる、母親たちの悲鳴だ。

「どうしようもないので、民間の二四時間営業の託児所に入れて、働き始めました。短時間でお金を稼げるので、夜の仕事にしました。キャバクラです。時給は、二〇〇〇円か二五〇〇円ぐらい。週四から週五はやっていました」

子どもを一八時に保育園に預けて仕事に行き、お店の車で迎えに行くのは夜中の三時。自宅に戻り、三時半に就寝。朝七時には子どもが起きるので、朝食を作ったり、洗濯をしたり、子どもと遊んだりして過ごし、夕方に保育園という繰り返し。真希さんは睡眠時間三〜四時間という日々を過ごす。

「託児所で夜ご飯を食べるので、保育料は月一〇万円にもなって、家賃と光熱費が合わせて一〇万円。これだけで二〇万円が飛びます。食費に子どものオムツ代とかおもちゃ代とかもかかるので、大体、月に二〇万円から三〇万円ぐらいを稼いでいたと思います。ここに月に換算すると、四万円ほどの児童扶養手当が加わります」

夜の仕事とはいえ、ギリギリの暮らしだ。経済面だけでなく身体的にも、これでもつはずがない。三ヶ月後に、家庭保育室という認可保育所が使えるようになった。保育者の自宅で、複数の子どもを預かるもので、日中、ここに子どもを預けて、真希さんは睡眠時間を確保した。

「もう、子どもとほとんど接する時間がなくなって、やっぱり、三ヶ月ぐらい経ったら、子どもが保育所に行きたがらなくなりました。それで、夜の仕事を辞めて、昼間の仕事を探したんですが……」

資格もなければ、職歴もない。一歳の子どもを抱えたシングルマザーに、社会はあまりにも冷たかった。

「小さな子どもがいるっていうだけで、断られました。たとえば、スーパーのパートでさえ、断られるんです」

一人で幼子を抱え、頑張って生きている女性を、この社会は突き放すことしかできないのか。程度の差はあれ、〝女性活躍社会〟を謳《うた》う今でも、変わっていない現実だ。

本番行為

「昼間の仕事、探してんだけど、全然なくて、もう超やばいんだけど」

真希さんは、小学校以来の友人に愚痴を吐いた。ただ、それだけだったが、ここが人生の大きな転機となった。友人の口から、予想もしないことが語られた。

「実は私、吉原で働いていたことがあるんだ。別に勧めるわけじゃないけど、短時間でガッツリ稼げるし、保育園に出す証明書も会社名で作ってくれるし、子どもの病気で保育園からしょっちゅう電話がかかってきても、全然、大丈夫。普通の会社だと、それで、クビになったりするじゃん？　もし、やるんだったら、紹介するよ」

真希さんは、この話に乗った。大きかったのは、昼間に働けることだ。この仕事に変えたことで朝九時から一八時まで子どもを保育所に預け、自身は一〇時から一六時まで働き、夜は子どもと一緒に過ごすという日々が始まった。おかげで、子どもには二〇時就寝という規則正しい生活サイクルを作ることができた。

実際、それはどんな仕事なのか。

「お店は〝高級サウナ〟と看板を出していますが、本番行為を行うところです。一人五〇分のコースが多かったと思います。昼間でもお客さんは来るので、週四日やって、トータルで月五〇万ぐらいになったと思います。お客さんが一人つけば一万円、一日に五人つければ五万円です。そこから雑費を三〇〇〇円ぐらい引かれて、四万七〇〇〇円をその日に手渡しでもらえます」

真希さんは「本番行為」と、何の躊躇《ちゅうちょ》もなく真っ直ぐに語った。予想もしない展開に、度肝を抜かれた。正直、動揺を隠しきれたか定かではない。そうだ、真希さんは自ら志願して、「ありのままの自分」を伝えにやってきたのだ。それは、自分は決して恥ずかしいことなどしていないという、自負があるからだ。

一人一万円、という具体的な数字も初めて聞くことだった。さらに驚きなのが、その「お店」では、性産業で働いていることをカモフラージュするための、さまざまな手段も用意されていたことだ。真希さんは化粧品とアクセサリーの販売を行う会社員ということで、社員証が発行され、役所への提出書類として必要なら勤務証明書だけでなく、販売員としての給与明細も出してもらえるという、ダミー会社もあった。

「息子は今も、私がアクセサリー販売の仕事をしていると思っています」

しかし、仕事とはいえ、本番行為をすることに抵抗がなかったとは言えないだろう。

「最初の頃は苦痛でしたし、嫌だなと思っていました。でも結局、嫌だなと思ったところで、他にはやれることもないので。じゃあ、どうやって生活していくのか。なので、嫌だなと思うことが、もう無意味だなと思うようになりました。嫌なお客はいますが、そこまで変なことをされたことはないし、お店が女性を守ってくれますから」

真希さんが夜、家にいるようになって、子どもの様子に変化が生じた。

「何よりよかったのは、目に見えて、子どもの状態が安定したことです。夜、ぐずって寝ないこともなくなったし、保育所に行くことを嫌がらないようになりました」

前にも触れたが、母子世帯の貧困率は五割を超え、シングルマザーは昼だけでなく、夜も働くなど、二重働きを余儀なくされることが多い。そうなると子どもは夜、一人で家にいることになる。それが子どもの成長にいかに不安定な影を落とすのかは、想像に難くない。

真希さんが優先したのは、子どもの心の安定だった。

このときから真希さんは、本番行為を行う〝セックスワーカー〟として生きている。

ここで、「売春」の是非を問いたくなる人も出てくると思う。性的行為と引き換えに金銭を得る行為を廃止したい人たちは、真希さんが行っているのは女性への暴力、ジェンダー差別を認める行為だと考えているようだ。セックスワークは貧困に晒《さら》された女性がしょうがなく行うものであり、主体的にセックスワークに従事する女性はいないと。

でも真希さんは「嫌だな」と思っても、生活のために自分でこの仕事を選んだわけだ。その考えでいくと、自らの意思で選んだ人たちのことも、〝被害者〟だと一括《ひとくく》りにしてしまう。それは、その人の自由意志を無視した、むしろ差別なのではないだろうか。

真希さん自身も、こう語っている。

「よくホストクラブへの借金で無理やり落とされるとか、世の中がそういうイメージになっているけど、私はそういうことをされたことがないですし、自分の意思でやっている子が多かった。ダンナがヒモという人も多かったけど、強要されて働いているわけじゃなく、自分で選んで働いているわけだから」

売春と言われる行為すべてに虐待や強制があるわけでもなく、店側が金で支配・服従させているわけでもないということだ。逆に店は、問題のある客から女性を守っている側面もあるということが、真希さんの実体験から浮上する。

超難関校進学と一〇〇〇万円の貯金

真希さんの息子は、首都圏の超難関有名私大の付属高校に通っている。高校卒業後は、確実に日本で一、二を争う有名私大に進学できるという、まさにエリートの道を歩んでいるわけだ。これは本人の優秀さだけでは、叶えることが難しい道でもある。学力・学歴と経済力に相関があることは、教育格差が叫ばれた当時から指摘されている。

真希さんは子育てに関しては、元夫を反面教師とした。息子を元夫のような「サッカーしか知らない」人間には、育てたくなかった。

父への憧れからか、息子は小学生の頃からサッカーを始め、中高でもサッカー部に所属した。しかし、真希さんは年中、サッカー漬けにすることを避けるため、夏休みなどの長期休暇には、子どもをワークキャンプに参加させた。さまざまな場所で、多様な経験をして欲しいという思いと、子どもがいなければ自分が仕事をできるという事情もあった。

こうして息子は、幼い頃からさまざまな「文化資本」を体験することになった。このことが難関高校入学への道を開いた、一つの要因となったとも言えるだろう。

「冬休みと春休みはスキーに行かせて、夏休みはサマーキャンプに三回ぐらい行かせました。四泊五日ぐらいで、五万円ぐらいかかるものが多かったですね。その間、私はずっとお店に行って働けるので、問題はなかったです」

中学では、自治体が主催する海外留学に、学校推薦で選ばれた。

「留学のための研修が一〇回ほどあって、部活を休まないといけないので、息子は文句を言うのですが、私は『部活に全部の時間を使うのはもったいない、よくないよ』と、息子に言い続けました」

結局、この海外での体験が受験時の面接で活きることにもなった。

受験にあたってはもちろん、学習塾に通わせた。

「小学生のときはサッカーばっかりやっていたのですが、中学一年の終わり頃から塾に行くようになりました。中三で受験のために選んだ塾は高かったですね、費用が。中三の一年間だけで、テキスト代、交通費、模試代など全部含めて、一〇〇万円以上、かかっています」

公立の進学高にも合格したが、受験なしで確実に大学に進みたいという息子の希望で、私立大学の付属高校を選んだ。学費が高いことで有名な学校だったが、真希さんは教育ローンを組むことなく、すべて現金で支払った。学費以外に制服代、部活のユニフォーム代など二〇万円ほどかかる高校だ。両親が揃《そろ》っていたとしても、なかなか厳しいのではないか。

「貯金は一応、子どもが高校に入学するときは一〇〇〇万ぐらいありました。なので、学費の一〇〇万は払うことができたんです。この仕事をしてなかったら、どうなったのかなと思います」

貯金が一〇〇〇万円と、サラリと真希さんは話す。度肝を抜かれること、二度目だ。インタビューのはじめ頃、真希さんが早口で「私は、貧困とはちょっと違って」と言ったのは、このことだったのだ。正規職でも、シングルマザーでこれだけの蓄えはなかなか持てないだろう。

「この仕事をしていなかったら、有名私大の付属高校なんか、到底、行かせられません。息子ものんきにサッカーなんか、やってる場合じゃないです。あのとき、この仕事をたまたま紹介されたから、今がある。そうでなければ、息子は施設に行っていたかも。私の手で育てることができたかすら、わからなかった」

息子のこれまで、現在、そして未来を考えれば雲泥の差だ。父親こそいないが、のびのびと成長を遂げ、好きなサッカーに打ち込み、成績優秀でエリートとしての道を歩んでいる。当時、スーパーのレジ打ちすら断られた真希さんに、どんな選択肢があったのか。最終的には、生活保護か。いや、実父がいるということで、申請が通らない可能性もある。

親子共倒れギリギリの苦しい日々しかなかっただろう。大学進学など、夢のまた夢だ。

取材時の真希さんは、「人妻系のデリヘル」で月に三〇万円ほど稼いでいた。週三から週四で、時間は一〇時から一六時まで。

「今は不景気で、五人もあたることはないですね。店舗型ではないので、好きなところで過ごし、メールが入れば指定された場所に行きます。気前よく、金払いのいい人が、一番の理想のお客さまです。見た目とか、どうでもいいです」

この状態を、息子が大学を卒業するまではキープしたいというのが切実なところだ。

「息子には、『留年したら、その分の学費はないよ』って言っています。とにかく大学へ進んで卒業すれば、ほぼ、自分の好きな職業に就けるわけですから。息子は理系志望で、私立大の理系って学費が高いじゃないですか。お金の問題は、常にあります。なくなるのは、あっという間ですから。大学卒業まではとりあえず、お金が必要なので」

抗《あらが》えないコロナ禍

真希さんは今の仕事を続けるのはあと一〇年、五〇歳頃までだと考えている。

「子どもが大きくなれば、別に夜に働きに行ってもいいわけですから、熟女系のキャバクラとか、スナックでもいいかなと」

子育てが終わった後も、一人で生きていくつもりだ。再婚は考えていない。

「男の人はあてにならないということがわかったので、いい人がいたら、お客さんになってくれたらうれしいって感じです。結婚とかいいからって。一回、失敗しましたから、希望は持てないですね」

これまで取材してきたシングルマザーと違い、子育て後の真希さんに「貧困」はあてはまらない。国民年金をきちんと払っているから、年金は入るものの、国民年金だけでの暮らしは難しい。だからこその老後のための蓄えが、最終的にはどれだけの額になるかはわからないが、とりあえずはある。

結局、皮肉にも性風俗産業しか、シングルマザーを支える場所はないということなのか。私のようなフリーライターなど、吹けば飛ぶような存在だ。それでも何とか、息子二人は、自分の将来を選択できる道に進ませることはできた。もちろん、老後、二人の世話になるつもりはない。いや、第一章の渡辺照子さんや川口有紗さんの子どもたちのケースのように、子どもが母親まで食べさせるなんて、この不況下では不可能なのだ。
こういう世界があったのか――。自分の力だけで息子に最高の教育環境を用意し、安定した未来を保障している、一人のセックスワーカーの姿に正直、圧倒された。私など、足元にも及ばないと。淡々とした語り口、どこか頼りなげな印象も併せ持つ真希さんの生きざまは、見事であると同時に、大きな衝撃を余韻として私に残した。

しかし、コロナ禍で状況は一変した。性風俗産業はもちろん、濃厚接触の極みだ。真希さんがどうしているのか、メールを送ったところ、すぐに返信があった。二〇二〇年五月、一回目の緊急事態宣言下でのことだ。

メールにはこうあった。

「仕事はお祭しの通り、全くありません。お店は営業していますが、お客さんは全然、来ていないみたいですね。私ももう二ヶ月ぐらい出勤していないので、直近のことはわかりませんが……。

でも逆に、今の時期に稼げたとしても、そこで感染したら説明ができないので、やっぱり、私は休んでいたと思います。他の女の子たちは稼げないから、出勤の日にちを増やしているみたいです。でも、お客さんが来ないから、待機室でクラスターが発生する可能性が高いですね」

授業料の支払いがあるため、真希さんは自治体の緊急小口資金を借りようと、一週間続けて窓口に電話をしているが、繋がらないということだった。

その状況を踏まえ、真希さんはメールをこう結んでいた。

「結局、電話が繋がっても、面談までが一ヶ月後とかで、実際に借りられるのは、さらに一ヶ月後とかでしょうね。本当に、やっぱり誰もあてにならないし、自分しか頼りにならないって、再認識しました」

新型コロナの感染収束後であっても、厳しい自粛が要求されるのが性風俗の世界だ。今までと変わってしまった世界で、真希さんはどう生きていくのだろう。

これまでは自身の意思の強さで、息子との生活を築いてきた真希さんだが、コロナ禍のように、自分の意思ではどうしようもない障壁も訪れるわけだ。感染の第二波、第三波、第四波を迎え、しわ寄せが最も顕著に現れる場で日銭を稼ぐ真希さんの未来を考えれば、今は蓄えがあるとしても、決して、安定したものだとは言い難い。身体あっての仕事であり、感染や暴力とも隣りあわせで生きなければならないリスクを、常に抱えている。

老後に二〇〇〇万円が必要だという、この国だ。今は四〇歳という若さだが、二〇年後、三〇年後を考えたとき、真希さんにとっても安心できる老後などないと言えるだろう。

懸命に働き、子どもを育て上げた後のシングルマザーに待っているのは、さらなる困難とはあんまりではないか。なぜ、このような社会に、この国はなってしまったのだろう。

小林尚美　子育てにもっと、「手」があったなら

ふんわりと柔らかな印象をまとった、笑顔が美しい女性だった。小林尚美さん（仮名、五三歳）。彼女が語る元夫との暮らしは、およそ異様なものだった。

尚美さんはＯＬ生活を経て三一歳で結婚、専業主婦となった。三四歳で長男、三七歳で次男を出産し、三九歳のときに離婚を決意し、実家に戻った。

八年間に及んだ結婚生活だが、一家団欒などという、あたたかなひとときは全くなかっ

た と尚美さんは振り返る。

「夫は自室にコタツ、テレビを備え、酒やゲームを持ち込み、そこから出てこない。子どもがパパと遊びたいときは、部屋を訪ねないといけない。一家四人で買い物に行っても、夫は外でタバコを吸っているだけ。夫との心の交流なんて、全くありませんでした」

クールで一匹狼《いっぴきおおかみ》的なところに惹かれて結婚したが、甘い新婚生活も皆無だった。

「結婚生活は最初からきついものでした。すべて、彼に合わせないといけないんです。『自分に従え』と一方的で、基本的に、話しあいができない」

新しい生活を作っていくにあたり、尚美さんは、「もっとお互い、話しあってやっていこうよ」と提案した。その言葉に、夫は豹変した。怒鳴りまくって荒れ狂う夫を前に、尚美さんは提案を諦めた。

いつも、無言の圧力を感じていた。

「たとえば、食事のときに好きじゃない味のものが出ると、『これ、もっと、こうしてくれる?』と、私に言うのではなく、無言で立ち上がり、カップラーメンにお湯を注いで、自分の部屋に持って行く。カップラーメンは箱買いして、自室に置いていましたね」

自分の存在を完全に無視する夫を前に、尚美さんは透明人間のような気持ちになる。惨めだった。無視という無言の圧力で、妻を責め立てる行為こそ、まさに精神的DV（モラルハラスメント）に他ならない。

夫は、電気もテレビもつけっぱなしで寝るのが常だった。光熱費がかかるからと注意をしたところ、返ってきたのは怒声だ。

「これが、俺の癒しなんだ！　つべこべ言うな！　誰が、金を稼いでると思ってるのか！　おまえは一体、何を目標に生きてるのか！　俺は家族のために稼ぐというのがあるけど、おまえはただ、遊んでいるだけじゃないか！」

自分の非を認めず、問題をすり替えて尚美さんを見下し、追い詰めるのも毎度のことだった。

それだけでなく、夫は尚美さんを苦しめることをあえてした。尚美さんには悔しくて、忘れられない〝事件〟がある。

次男の妊娠時、尚美さんは切迫流産で入院、寝たきりの絶対安静となった。二歳の長男は実母に預けていたが、どうしても会いたいから、病院に連れてきて欲しいと夫に頼んだ。

すると夫は、尚美さんの実家から息子を「（尚美さんに）面会させるから」と引き取ったにもかかわらず、そのまま、自分の実家へ息子を連れて行った。

「会いたくて朝から待っていたのに……。私、すごく泣きました。コミュニケーションが取れないだけでなく、彼は、そういういじわるなことをするんです」

〝いじわる〟の最たるものが、長男と次男を家に置いて、買い物に出かけたときに起きた。尚美さんは家に戻ったら、すぐに次男の離乳食を作らないといけないと急いでいた。ところが、玄関ドアのチェーンがかけられて、家に入れない。

「次男の泣き声が聞こえるんです。お腹を空かせている、早く離乳食を作らないといけないと思い、必死にピンポンするのですが、いくら鳴らしても、夫は出てこない。玄関横の部屋にいるのに。長男が『ママ、帰ってきたよ』と、夫に言っているのに無視。幼い長男はいくらジャンプしても、チェーンには届かない」

一五分ほど待たされた挙げ句、ロックが解除された。夫は何も言わず、自分の部屋へ入り扉を閉める。怒り心頭の尚美さんは、その部屋に飛び込んだ。

「こんな家族無視みたいな生活、もう耐えられない！」

「おまえだって、俺を締め出したじゃないか！」

論点をすり替え、決して非を認めない、いつものやり口だった。

「昔のどうでもいいことを持ち出して私を責めるから、本当に腹が立って、もみあいになった。強く手を握られてバキッとひねられた瞬間、ぶらって、手の力が抜け、みるみる腫れ上がった」

骨折だった。お腹を空かせた次男が泣いているのに、この手では何もできない。尚美さんは実母を呼んだ。それが気に入らないと夫は、激怒した。

「怒って、壁を蹴りまくって、母に『他人のくせに、口出しするなー』と怒鳴って、母は震え上がりました。私に、『もう、家に帰ってきなさい』と……」

全治三ヶ月の重傷を負った尚美さんだが、それでもまだ、結婚生活を頑張ろうとした。結婚した以上、添い遂げないといけないという頑《かたく》なな思いがあったからだ。

しかし、夫は勝手にキャッシュカードの暗証番号を変更し、尚美さんは生活費さえ、自由に下ろせなくなった。

尚美さんが偶然、「モラハラ」という言葉に出会ったのは、この頃だ。

自分は悪くないんだ

「モラハラ」という言葉を耳にしたとき、尚美さんの中で何かが引っかかった。ちょっと調べてみようと、何気なく、パソコンで「モラハラ」と検索をかけた瞬間、衝撃が走った。

「あっ、これも、これも、これも、全部、夫のことだ。夫のことが書いてある……」

モラルハラスメントとは、殴る蹴るという身体的暴力ではなく、言葉や態度で人を傷つける精神への暴力だ。加害者は自己中心的で、自分の非を認めず、独自ルールがあり、思いやりも共感性もなく、数週間以上続く無視や蔑視などで、相手を精神的に追い込み、精神をボロボロにしてしまうという、非常に危険な暴力だ。被害者はたいてい、自分が悪いと思い込まされ、加害者に怯え、逃げようにも逃げることができなくなっている。

令和二年度の司法統計によれば、女性の離婚申し立ての動機の三位に、「精神的に虐待する」がある。一位は「性格が合わない」、二位は「生活費を渡さない」となっているが、「生活費を渡さない」も十分に、モラハラの範疇《はんちゅう》に括られるものだ。お金を使って、妻を困らせ、束縛するものだからだ。

尚美さんは結婚生活八年間の「モヤモヤ」に、理由があることをようやく知った。決して、自分が悪かったわけではないのだ。

「モラハラは直らない、家を出ないといけない、調停で離婚をしないといけないと、どのサイトにも書いてありました。協議離婚はほぼ、無理だからと。猛獣と一緒に住んでいるようなもの、という表現もありました。子どもによくない影響を与えるとは、思いもしないことでした。お母さんが罵られたり、バカにされたりするのを子どもに見せるのは、虐待にあたると……」

尚美さんはようやく、自分は人としての尊厳を奪われるほど、夫から理不尽なことをされてきたと思い知った。猛獣と一緒に住んでいる……、まさに、これまでのすべてがそうだった。知ってしまった以上、もはや恐怖でしかない。

話し合いが不可能なのは、これまでの暮らしで思い知らされている。尚美さんは子ども二人を連れて家を出て、実家で暮らすことにした。二度と、夫の元に戻るつもりはなかった。

調停マニアと化した夫

前出の大野真希さんと違い、尚美さんにとって実家は、安らぎの場所だった。父が半身不随で寝たきりだったが、母が家事や育児を全面的にバックアップしてくれた。長男は幼稚園の年中、二歳の次男は待機期間を経て、保育園入園が内定し、尚美さんは在宅でテープ起こしと、単発の派遣で働いた。

「テープ起こしは週に三回、派遣も三日、月に七〜八万円ぐらいの収入からスタートしました。貯金もあったので。母のサポートには、本当に助けられました。安心して任せられるし、子どもが熱を出しても働けますから」

離婚時、尚美さんにはOL時代に貯めた、六〇〇万円の貯金があった。実家は持ち家で家賃もかからず、光熱費と食費は基本的に、親が持ってくれるという恵まれた環境で、尚美さんは母子の生活をスタートすることができた。

しかし、家を出ても、問題は夫だった。話し合いによる協議離婚は無理なので、調停での離婚を尚美さんは求めた。結果として、離婚に至るまでかかった期間は一年二ヶ月、かかった弁護士費用は六〇万円。六〇〇〇万円という貯金があったから払えた、離婚の代償だった。

「一〇回も調停に行ったのは、本当にきつかったです。向こうも来るわけですから。会わないようにしているのに」

離婚が成立したことで、尚美さんは児童扶養手当を申請。月に四万円強の手当と、月一〇万円の養育費に加え、尚美さんの収入もあり、少しずつ貯金も可能となった。

尚美さんに経済面での不安はなかったが、別れた夫は「普通の」男性ではなかったことが大きな足枷《あしかせ》となって、尚美さんを苦しめた。元夫は調停マニアと化し、すさまじい執念で、尚美さんに調停を仕掛けてきたのだ。それはまさに、〝調停攻撃〟だった。

「離婚後まもなく、養育費の減額調停を起こされました。さらに元夫は別の裁判所に、面会交流調停を起こしたので、結局、二つの事件となって、弁護士費用は八〇万円にもなりました」

この八〇万円という金額に驚いた尚美さんは以降、弁護士を立てず、一人で元夫と闘うこととなった。これまで都合三回、波状的に調停が起こされている。

「離婚して一年も経たないうちに起こされた、養育費減額調停は、住宅ローンが苦しいという理由で、一人一万五〇〇〇円という、ふざけた金額をふっかけてきました。一〇万円から三万円への減額です。元夫は再婚して、それで家を買った。そのローンのために養育費を減らすなんて、冗談じゃない。元夫が起こす調停はすべて、弁護士を立てない本人訴訟。そういう、面倒臭い人なんです」

度重なる養育費減額調停により、養育費は離婚時に決めた二人で一〇万から、八万、六万と変遷、今は七万円で落ち着いている。だが、これもいつどうなるかわからない。忘れた頃に裁判所からの呼出状が届く生活を、尚美さんは離婚後ずっと続けているのだ。

「離婚しても、ずーっと縛りみたいなものがあって、忘れた頃に呼出状が来るので、どこか、前に進めない。裁判所の待合室で、周りの人たちを見ていると、『この人たちはこの調停を終えたら、相手と切れるけど、私はずっと、ここに来ないといけないんだ……』って。闘いたくないのに、闘わざるを得ない。ものすごい執着で、嫌がらせのように起こしてくる」

離婚して一三年、尚美さんは、あと一回か二回はあるだろうと見ている。

発達障害

母子家庭となり、自身も働くこととなった尚美さんは、朝から夕方まで預かってくれる保育園に次男を預けようと思っていたが、実母の強い希望で、次男も幼稚園に通うこととなった。

「きょうだいに差をつけるのはよくないと、母は譲りませんでした。実家で世話になっているんだから、幼稚園代ぐらい払えるでしょうと言われて。幼稚園は帰りが早いんです。なので、一八時まで預かってもらうための延長代金含めて、月謝は月四万円にもなりました」

この頃は、派遣をメインに働いた。時給は一三〇〇円、一〇時から一六時までの勤務時間は、幼い子どもを持つ身にはちょうどよかった。食事の用意も含めて家事はすべて、実母が担ってくれた。

「すべてが、母におんぶに抱っこでした。果たして、これでよかったのか。今、原因不明の病気で苦しんでいる母のことを思うと、あのとき、公営住宅に入っていれば……と」

次男が小学生になったのを機に、尚美さんは「いずれ、正社員にならないといけない」と、児童扶養手当受給者のための職業訓練制度を利用して、パソコンを一から学び直した。そして、マイクロソフト社の「マイクロソフト オフィス スペシャリスト」という資格を取った。四三歳のときだった。

二〇〇二年、国は「母子及び寡婦福祉法」などを改正、児童扶養手当の支給額を削減すると同時に、就業支援策を打ち出した。尚美さんが利用した制度がこれだ。この時点で国は明確に、「児童扶養手当中心の支援（福祉）」から、「就業・自立に向けた総合的な支援（就労）」へと、母子家庭支援政策を転換した。その意味で、二〇〇二年の改正（改悪）は、よりシングルマザーへの負担を強いるものとなった。

当時、児童扶養手当受給者だった私は、手当の受給期間が五年を超える場合には、手当を一部減額する制度が導入された、この児童扶養手当制度の改悪に、身も凍る思いだったことを思い出す。まさに児童扶養手当こそ、シングルマザーにとってのささやかな生命線だ。それを削減するという国のシングルマザー施策に、当事者として憤りを感じたのも事実だ。

一方、華々しく打ち上げた「就労支援」の数々は、私に使えるものは一つもなく、ただいくつものアドバルーンを上げて、「やってますよ」というポーズを作っただけに見えた。たとえば看護師の資格を取るために看護学校に通う場合、月一〇万円が支給されるのだが、一体これを利用できるシングルマザーがどれだけいるのだろう。月一〇万円を支給されても、働かないと食べていけない（ちなみにこの一〇万円だが、民主党政権下では一四万円にアップされたが、再び自民党政権になると、一〇万円に戻された）。看護師になりたくても、この額では学校に通うのは困難だ。生活に余裕があり、親のバックアップが期待できる、尚美さんのようなシングルマザーしか、使えない代物だった。

資格を得たことで、尚美さんは司法書士事務所に正社員として入社した。給料は月一五万、健康保険と厚生年金はなく、ボーナスは年に一回。

「残業がないということで、選んだ職場でした。一八時には上がれるので。当時、国保は三人分で月三万円近く払っていました。国民年金は払えず、滞納していました。給料は安いのですが、働きやすい職場なので、骨を埋めてもいいと思っていました」

尚美さんがフルタイムで働き始めてまもなく、小三になった長男がいじめに遭い、それをきっかけに、発達障害が判明した。

「自閉スペクトラム症という、以前は自閉症やアスペルガーと言っていた障害です。ＡＤＨＤ、多動の傾向もありました。こだわりが強く、協調性もない。確かに、小さい頃から、汗だくの育児だったんです。興味があるものを見つけると、突進して行く。他の子のおもちゃをいきなり取ったり、何遍も迷子になったりしました」

わが子が発達障害という事実を、尚美さんはなかなか受け止められなかった。

「主治医には、『ＩＱ自体は高いが、多動が心配だ』と言われました。この子の将来を悲観し、そういう子を産んでしまった自分を責め、毎晩、泣いていました。当時は、そういう考えしかできなかったんですね。必死に療育施設などを調べて、いろんなところに行きました。病院や心理士さんのペアレントトレーニングも月一回は受けてと、とにかく必死でした」

長男のため必死に奔走していたこの時期、次男は実母に任せきりで、ほとんど手をかけていない。それが、今も悔やまれる。

ネット依存

四七歳になったとき、司法書士事務所の業務縮小に伴って、パートに格下げされることとなり、尚美さんは転職を決意した。

この頃、実母が身体を壊して入院、孫の世話も家事も不可能になった。困った尚美さんは、地元の母子寡婦協会へ相談に行った。窓口で言われたのは、他に経理的な資格があればいいということだった。尚美さんは自治体が運営する職業訓練校の一つである、ビジネス専門学校の試験に合格、学生となった。

「ここに通っていると、失業保険が延長になるのも大きかったです。九時二〇分から一六時一〇分まで授業があって、勉強するのはものすごく大変でした。情報処理技能検定二級と、簿記検定三級を取って就活したところ、お菓子メーカーの営業事務職に正社員として採用され、今もそこで働いています」

年収は二九〇万円ほど、ようやく国保を抜けることができ、厚生年金などの社会保険制度の恩恵にあずかれることとなった。貯蓄はOL時代の貯金を合わせれば一〇〇〇万円となり、二人にそれぞれ二五〇万円が下りる学資保険にも入っている。

生活は安定しているはずなのに、尚美さんは頭を振る。

取材時、長男は私立高校に通う三年生、次男は公立中学の三年生だった。

「長男の私立の進学高ですが、お金がかかり過ぎるんです。高校受験のときに担任から言われたのは、公立ではうちの長男は難しいだろうと。面倒見のいい私立が、彼には絶対いいと言われました。だけど授業料も高いし、交通費もかかる。制服代も高かった」

ちょうどその年に公立高校だけでなく、私立高校にも就学支援金制度ができ、自治体からの補助が年間六〇万円ほど入ることとなったという。そのおかげで、三年間の授業料の自己負担は一二〇万円ほどで済んだ。

「支援金がなければ、絶対に私立は無理でした。大学生になっても長男は、アルバイトはできないし、どれだけ、お金がかかるのかわかりません。それに今、次男が不登校で、完全にネット依存状態です。小学四年から祖母が病気で入院したため、家にだれもいなくなって、私は長男の療育に必死で、次男はどんどん、自分一人の世界にこもるようになって……」

元夫の調停攻撃をかいくぐり、必死になって資格を取り、正社員として生きる道を自ら開拓した尚美さん。その瞳がうるむ。

「次男は、小学四年生からずっと一人だった。あのときに上の子ばかりに必死にならないで、仕事を抑えてでも、下の子に寄り添えれば……。もともと協調性がなく、頑ななところがある子なので、私があのとき、パートにしてでも、下の子にあったかい空気感のようなものを伝えることができていたら……。いつもギリギリの必死さしか、子どもに伝えてこなかった。私は、一生懸命頑張っているって。それで、子どもがしんどくなったのでは」

宅配便ドライバー、森田葉子さんと真逆だった。葉子さんはたとえ貧しくても、息子との時間を優先した。その意味では第一章で登場したキャディー、水野敦子さんもそうだった。葉子さんは元夫がもたらした奇跡で、貧困の連鎖を断ちきることができたが、敦子さんはそのために自己破産を余儀なくされた。

尚美さんには実家の支えという恵まれた環境に加え、正社員としての地位と貯蓄もある。国が推奨するシングルマザーの生き方＝「働け、自立しろ」を貫いてきたのに、もっと、次男との時間を持つべきだったと涙にくれる。

この国のシングルマザー施策に欠けているのは、「シングルマザーは、子どもをケアする存在だ」という視点だ。尚美さんは十分に働いてきた。なのに、今、心から悔いている。

「次男はネット依存で二回入院して、今では家でずっとオンラインゲーム。食事の時間ももったいないらしく、もう廃人状態です。私、Wi－Fiを無理に切ったんです。そうしたら、玄関のチェーンをかけて、家に入れないようにされた。『ネット、繋げ！』って騒いで、警察も呼びました。鍵屋さんに来てもらって、突入みたいな……」

「手が足りなかった」と尚美さんは言う。

「特に手がかかる二人で、自分で社会と繋がれるタイプじゃないので、そこを引き上げる力というものが絶対に必要だった。それが私一人の限度を超えていた。いつも定期的に見てくれて、見守ってくれる存在がいてくれたら」

シングルマザーたちは何と、孤独な育児を強いられているのだろう。「手が足りない」という、尚美さんの思いはそこにある。学校と家庭以外に、子どもたちの居場所となれる場があり、そこに子どもを気にかけてくれる大人がいたら、どれほどシングルマザーの子育てはラクになることか。

次男は中三の冬に、ネット依存外来がある久里浜医療センターで診察を受けたことをきっかけに、「このままではよくない」と、自ら気づいたという。頑なに診察を拒否する次男を、尚美さんが苦労して診察室に連れて行ったことで光が見えたのだ。

取材から半年あまり、コロナ禍の暮らしをメールで尋ねた。

「二人とも進学したものの、コロナで足止めに遭い、生活リズムを崩しています」

長男は私立大学の農学部に進学、心配していた次男は自分の意思で、不登校の子たちが通う、私立高校のエンカレッジコースを受験し、合格した。

どうやら、尚美さん一家にとって最悪の事態は脱したようだ。正社員ゆえ、尚美さんにはコロナによる経済困窮はない。では、尚美さんの未来は安泰なのだろうか。

「六五歳まで働きますが、二人の教育費用にこれからどれだけ、かかるのか。長男は私立の理系なので、とんでもなく授業料が高いです。悠々自適な老後って、全く思い浮かびません。持ち家と言ったって築三六年、修繕費用もかかるでしょうし、この子たちが自立できずに、ずっとぶら下がられたらと思うと……」

そんな矢先にやってくるのが、調停だ。取材の最後に、尚美さんは涙声で訴えた。

「頑張っても、頑張っても、普通ならラクになっていくはずなのに、もう全然、ラクにならない。何か、私がやってきた生き方が間違っていたのではと思うくらい」

正社員で貯蓄も持ち家もある尚美さんの、これが痛切な思いなのだ。まさに、この国のシングルマザーの未来は八方塞がりではないか。

働け、自立しろ

「頑張っても、頑張っても、全然、ラクにならない」

小林尚美さんの、この心から迸《ほとばし》る思いこそ、シングルマザーに共通する思いなのではないか。本書で見てきた六人のシングルマザーは皆、身体を張って、身を粉にして働いて、子どもを育てていた。なのに、子育てを終えたとしても、安寧のゴールは目を凝らしてもどこにも見えてはこない。

改めて思うのは、シングルマザーとはいえ、一人の人間であり、女性であるということだ。一人の人間として、余暇を楽しんだり、美容院でおしゃれをしたり、心を遊ばせる時間があってもいいはずだ。それが、人生なのだと思う。歯を食いしばって生きるだけが人生ではない。シングルマザーであるからといって、楽しみを制限される謂《いわ》れはない。しかし、国が言うのは「働け、自立しろ」のみ。シングルマザーとして生きる、一人の女性への心理的なケアや、人生を楽しんで生きる支援など何もない。

海外の番組で、二人の娘を育て上げた一人暮らしのシングルマザーが、昼は肉屋で働き、家に帰れば、好きなピアノを弾いて、自分の時間を楽しんでいる姿を見たとき、日本との違いに愕然とした。一戸建ての住居は十分な広さがあり美しく、窓の外には緑が広がり、目を細めてピアノの音色に酔う中年女性の姿には、とても豊かな人生がありありと見えた。それは、私たちには一切ないものなのだと、じっと手を見る思いだった。子育て後に、なぜ私たちには、そのような世界が待っていてくれないのか、と。

インタビュー　福祉は恵んであげるもの、という誤解

神原文子（社会学者）

取材に応じてくれたシングルマザーたちの話から浮かび上がったのは、その未来に「老後」などないということだ。たった一人で悩み苦しみながら、手塩にかけて育てた子どもが巣立った後、ようやく自分なりの楽しみを大事にしながら、安心して過ごすという日々が、なぜ、この国のシングルマザーには欠片すら、もたらされないのだろうか。

長年、「子づれシングル」の女性や子づれシングルと生活する子どもに寄り添い、調査研究を行い、現状への問題提起をし続けてきた、社会学者の神原文子さんに「シングルマザーの老後」についてお聞きした。実際、シングルマザーはどんな現実を強いられてきているのか、そこにカラクリがあるのだとしたら、見えなくされている事実も示唆していただきたい。

神原さんへのインタビューはまず、二〇〇八年末の「年越し派遣村」から始まった。

この年、リーマンショックで打撃を受けた企業は、派遣切りを行うことで窮地を乗りきろうとした。その結果、派遣で働いていた男性労働者が職と同時に住居も失い、路上に溢れた。行政の窓口が閉まる年末年始に開設された「年越し派遣村」は、そうした人々を救済する目的で設置されたものだった。

ここで初めて世は、男性の貧困という事実を目の当たりにしたことになる。しかし、ここでも、女性の貧困に関しては特に問題視されることはなかった。本書で見てきたように、女性は男性よりずっと前から、非正規で働き続けてきたというのに……。

「まず、お聞きしたいのは、なぜ、女性の貧困は見えなくなっていたのかということです。年越し派遣村のときでも、社会は男性、しかも若年男性の貧困という事実に驚愕しましたが、それで終わりました」

神原さんはうなずき、おもむろに話し始めた。

「女性全体が非常に高い貧困のリスクを抱えながら生活しているということが、少しずつ注目されるようになったのは、二〇一〇年代になってからのことでした。子どもの貧困が注目されるようになり、貧困状態の子どもたちの約半数がひとり親世帯であること、高齢者でも男性より女性のほうが、貧困率が高いことなどが、内閣府の男女共同参画白書などでも取り上げられたことなどから、女性の貧困が社会的に認知されるようになったのです。

ご指摘のようにリーマンショックのときは、派遣切りに遭った男性のホームレスの問題などが非常に大きな社会問題として取り上げられましたが、女性の貧困というのはそれほど問題視されていませんでした」

あのとき、なぜ、問題視されずに終わったのだろうか。

「なぜなのかというと、日本の女性たちは結婚して夫の扶養家族であれば、貧困リスクは非常に低いわけです。そうした女性が実際にはマジョリティなわけですから、女性の貧困は見えない状況だったのです。九〇年代から専業主婦をパートタイマーで雇用するケースが増えていきましたが、夫に扶養されていますから、低賃金であっても問題視されることはなく、むしろパートタイマーで働く有配偶者の女性たちにとっても、雇用する側にとっても、そのほうがよかったわけです。

女性の非正規就労はだんだんと広がっていっても、母子世帯には最低限でもセーフティネットがあり、女性の中には、性ビジネスで収入を得たり、友人宅を転々として路上生活を極力避けたりした人もいたことで、社会の中で女性の貧困は問題にされてはこなかったわけです」

夫に扶養されていれば、妻の貧困リスクは非常に低い。そういう時代が、しばらく続いてきた過去がある。今では共働きをしなければ、子どもすら持てない夫婦も多くなってきているが……。

雇用の流動化

女性の貧困の出発点が一九八五年であることは、第二章で詳しく述べた。私にとって青天の霹靂とも言える視点を開示してくれたのが、他ならぬ神原さんだった。

「一九八五年が、〈女性の貧困元年〉ということは以前、黒川さんにお話ししたと思います。ここが、現在、深刻な問題となっている、女性の貧困の出発点でした。

繰り返しになりますが、八五年当時というのは、離婚件数も多くありませんから、当然、ひとり親世帯数もそれほど多くはありません。加えて、八五年当時と今とで大きく違うのは、離婚した女性たちはパートタイマーではなく、フルタイムで結構、仕事に就けていたということです」

確かに私自身、長男が三歳になったのを機に就活を始めたが、未経験だったにもかかわらず、業界紙専門の中小出版社編集部に正社員として採用された。八九年のことだった。三年後に転職したが、その編集部でも正社員雇用だった。

「今」という地点に立てば、私は幸せな時代に、母子家庭生活をスタートさせることができたと言えるのだ。

当時、手取りで月二〇万円ほどになり、年に二回、賞与もあった。加えて月に四万円ほどの児童扶養手当もあるわけで、だから、子どもと旅行することができたのだ。寝台特急の狭いベッドを二人で使い、四国や山陰を長男と旅したのは、今でも楽しく、かつ貴重な思い出だ。

今と雲泥の差だ。つまり当時は、今と全く異なる社会だったのだ。当時は、シングルマザーでも、働いて、子どもを育てることができる社会だったのだ。

神原さんが大きくうなずく。

「当時、離婚した女性は事務、サービス業、工場などいろいろな職種において、正社員雇用で働くことができていました。

しかし、八〇年代後半頃から、雇用の流動化という名の下に非正規雇用化が進んでいくようになるのですが、その非正規化のターゲットにされたのがもっぱら女性でした。それも有配偶者の女性に限らず、未婚の女性にも広がり、離婚してひとり親になった女性も、いくら仕事を探してもパートしか見つからず、よっぽどのことでないと正規雇用に就けなくなりました」

雇用の流動化とは、もっともらしい言葉に聞こえるが……。

「そうですね。確かに雇用の流動化というと、『誰でも能力を活かして、働きたいときに自由に働けますよ』と、聞こえはいいのですが、雇用する側にとって、こんないいことはないわけです。雇用形態はパート、派遣、嘱託などさまざまですが、いずれにしても賃金は正規雇用の半分でいいわけです。しかも有期雇用ですから、いつでも解雇できるという、雇う側にとっては〝願ったり！〟の雇用状況になりました。そういう状況が、当たり前のように作られていったわけです。

この雇用の流動化の中に組み込まれていったのが、男性ではなく、圧倒的に女性だったということです。

この二〇年ぐらいの間で、女性の正規雇用と非正規雇用の割合を見ると、もはや正規雇用が半分以下で、非正規のほうが多いという状況になっています。国が女性の就労支援や社会参加を謳っていますが、女性の就業率が増えたといっても、増えているのは非正規雇用なのです」

働いても生活できない賃金体系

同じ仕事をしていても、非正規なら賃金が低いのは当然といった考えが、日本社会には根強くある。神原さんはその考えを強く否定する。

「問題なのは、日本では正規雇用と非正規雇用で、同一価値労働同一賃金が実質的に成立していないために、非正規は賃金が低くても仕方がないと放置されていることです。他の先進国のように同一価値労働同一賃金が機能していれば、フルタイムであってもパートタイムであっても、時給に換算すれば同じ金額なわけです。

ヨーロッパではフルタイムとパートタイムの違いというのは、一日の労働時間の違いだけなんです。フルタイムは八時間、パートタイムは四時間とか六時間とか時間を選べます。八時間働いた人と比べて四時間働いた人では、賃金が半分というのは当然なのですが、日本では、パートタイムでは八時間働いても賃金は半分にもならないのです。

賃金体系そのものが、正規雇用は生活ができるだけの賃金、すなわち家族を養えるだけの賃金を保障するが、非正規というのはその限りではなく、最低賃金ギリギリか、少し上乗せぐらいしか出さなくてよいというのが、とりわけ女性の労働市場では、当たり前になってしまっています」

ひとり親の女性たちは、子どもを養えるわけがないような低賃金を強いられているのが現状というわけだ。

「そうですね。パートタイマーか専業主婦という夫に扶養されていた女性が、離婚してひとり親になると、パートの仕事にしか就けないというのが現状です。当然、賃金が安い。それは、最低賃金が安いからです。先進国の中で、日本の最低賃金の低さは際立っていますが、この問題が貧困に直接、影響しています。

たとえば、最低賃金が一二〇〇円であれば、一ヶ月働いて二〇万円ぐらい稼げて、プラス児童扶養手当と児童手当で、一ヶ月二五万円ぐらいになります。これなら、何とか、貧困を脱することができます。東京は最低賃金が一〇〇〇円を超えていますが、地方に行ったら、まだ八〇〇円台です。

しかも子どもを育てながら働くわけですから、一日に働くことができる時間も限られます。家事も育児も、一人でしなければなりませんから。そうなると、パートで一ヶ月頑張って働いても、せいぜい、一四万円ぐらいにしかならないというのが現状です」

最低賃金を調べてみると（二〇二二年十月時点）、最高が東京の一〇四一円、最低が八五三円で高知、沖縄県が該当する。最高で一〇四一円とは、これで先進国と言えるのだろうか。

七時間働いても月に一四万円にしかならない現状で、出費を抑えると言っても正直、難しい。

「特に離婚した人の多くは民間の賃貸住宅で生活されていますから、毎月出ていく家賃の負担が相当、大きいわけです。安くても月に五万円、東京だと七万円とか。収入が二〇万円未満だとどれだけ、家賃の負担が大きいかと思いますね。

それに今はスマホを持つのが必須ですから、その出費もありますね。子どもの授業料は無償であっても、新学期が始まれば文房具代とか教育の付属品を買うとか、高校生であれば定期券も必要となるでしょうし、修学旅行の負担も実費ですよね」

そうだ。私立高校に通った次男は、修学旅行にもスキー旅行にも行くことはなかった。積み立てならまだしも、一気に二〇万もの旅行代金を支払うなんて不可能なことだった。

どうすれば、貧困に陥らなくて済むのか

この国でシングルマザーとして暮らしていくにあたって、どうすれば、当たり前の生活が手に入るのだろうか。当たり前というのは、働いて子どもを育てていけるという生活だ。

ちょっと考え込んで、神原さんは話し出した。

「日本で離婚してひとり親世帯になった女性が、貧困に陥らない方法って何だろうって、私もずっと考えてきたわけですが、収入を上げると言っても、皆さん、目一杯、働いているんです。ひとり親の八十数%は働いていて、これは世界一の数値です。なのに、貧困率は最悪なわけです。なかには、ダブルワークをしている方もいる。今の賃金のもとで、こ

れ以上、就労時間を増やすと言っても、増やしようがないわけですよ。

結婚・出産にかかわらず、ずっと正規雇用で働いてきた女性たちは離婚しても貧困には陥らず、何とかなるにしても、それ以外は子どもを連れて実家に戻った場合や、何か特殊な技術や能力があって、それを活かして仕事ができる女性など、貧困に陥らずに済んでいるのは、本当に一握りなのですよ。

保育士の資格があっても、今、保育士はどんどんパート化されていますし、地方に行くと、子どもの数が少ないので保育士のニーズがないということもよく聞きます」

確かに公務員か看護師か、シングルマザーで貧困に陥らない職業は、その二つしか思い浮かべることができない。

実際の労働場面について、国はどれだけ具体的に把握しているのか、神原さんは、甚だ疑問だと訴える。

「これは、いろいろな方に話をうかがって見えてきたことなのですが、日本って、ずいぶん、祝日が増えましたよね。山の日とか海の日とか。祝日は、保育園も学校も休みになります。そうなると、保育園児や小学校低学年の子どもがいる人たちは、子どもを家で留守番させて、働きに行くかと言えば、当然、行けないわけです。世の中はＧＷだから旅行に行こうと言っているときに、仕事ができず、収入が減るという日々になるわけです。

ひとり親政策を行う官僚や行政の担当者は、この深刻さをわかっていないと思います。きっと、『休みが増えたことで、みんな、喜んでいるだろう』という程度の認識ではないでしょうか？　家族で遊びに行ける、旅行に行けると。

年末年始は、サービス業にとっては書き入れ時ですよ。それが子どもたちを見てくれる人がいなかったら、自分が休まざるを得ない。正規雇用だったら有給で休めますが、非正規は、休んだら即、賃金が減るわけです。そういう現実が、官僚には見えていないのだと思います」

ため息しか出てこない。振り払うように、神原さんにさらに質問を畳み掛けた。

「どうすれば、ひとり親世帯の収入が上がると思いますか？」

答えははっきりしていた。

「やはり、最低賃金を上げることですね。今の働き方を変えないで賃金を上げるには、最低賃金なのですよ。非正規でも、暮らせる国にしていかないといけない。

国は手に職をつけさせて、より賃金の高い労働に就けるよう就労支援をしていますが、これはもう、本当に役立っていないとしか言いようがありません。看護師とか保育士などになるために作られた、『高等職業訓練促進給付金』というものがあります。専門職に就くための専門学校に合格できたら、その間の生活費として月一〇万円を給付しましょうというものですね。

だけどまず、その専門学校に合格するのが難しい。高卒資格は必要ですし、合格のハードルも高い。仮に合格しても、授業料を年間一〇〇万円近く支払わないといけないので、それだけの蓄えがないといけないわけです。授業料は借金することもできるかもしれませんが、問題は生活費です。国が支給する月一〇万円で、どうやって子どもと生活していけるのでしょうか。一〇万円って、家賃を払えばいくばくも残らない額です。

看護師になれれば、年間四〇〇万円ほどの収入になる見込みがありますし、ほとんどが正規雇用で、全国、どこでも人手不足ですから、どこにいても雇用に繋がりますね。

三年間、看護学校で何とか、頑張れれば……の話ですが」

養育費の取り立て制度を

もう一つ重要なのが、別れた父親からの養育費の問題だ。現在、養育費の支払いを受けているシングルマザーは、全体の二割ほどしかない。私も例外ではない。

「養育費の問題はどう思われますか？　次男が二〇歳のとき、元夫に養育費未払い額の支払いを求めたのですが、総額三四〇万円になりました。もちろん、払われるはずもなく、放置されて終わりでした」

神原さんは、養育費の重要性を指摘する。

「収入を増やす上で、もう一つ手っ取り早いのが養育費を確実に払ってもらうことです。養育費を毎月受け取っている人が、日本では二四％（「平成二八年度全国ひとり親世帯等調査」、厚生労働省）というのは、先進国の中では圧倒的に低く恥ずかしいことです。

韓国では二〇一五年に、養育費履行管理院という組織を国が作り、養育費の取り立てと、払ってもらえない場合は養育費を立て替えるという制度を作りました。発足してまだ五年ぐらいなので、限定的ではあるのですが、その制度を作ったということが、日本よりも先を行っている証拠です。日本でもようやく、法務省で養育費不払い解消に向けた検討会議が始まっているようですが……。

子ども一人で三万、もしくは二人で五万を確実に受け取ることができれば、年間六〇万円になりますから、そうすると貧困ラインを超えるんですよ。母子世帯の就労収入の中央値が一六九万円、プラス六〇万で、二人世帯の貧困基準二二四万円をギリギリであっても上回る。だから、養育費というのはものすごく大きいと思います。

しかも養育費は、子どもたちからすると、父親は離婚してからも自分のことを考えてくれていると思える、一つの証《あかし》でもあるわけです。別れたと言っても、子どもたちにとって父親であることには違いないわけですから。それが四世帯のうち一世帯にしか支払われていないというのは、とんでもないことだと思います」

韓国はすでに、国が養育費を立て替える制度まで作っている。日本は何と、遅れている国なのだと言わざるを得ない。

改悪され続けた、児童扶養手当

「何よりの頼みの綱が児童扶養手当ですが、私が受けていたときより、さらに厳しいものになっているように思います」

こう問うたのは、国は児童扶養手当制度を改悪し続けていると思わざるを得ないからだ。

神原さんはその通りだとうなずいた。

「児童扶養手当の全額支給の所得制限額が、二〇一八年から年収一六〇万となっています。この所得制限額をもっと上げるべきだと思います。

二〇〇二年の段階では年収二〇四万でした。せめてそこまで、戻してほしいですね」

二〇〇二年で二〇〇万円だった所得制限額が、まさか、一六〇万になっていたなんて！

この国は、血も涙もないということか。

「二〇〇二年一一月に児童福祉法と母子及び寡婦福祉法が改悪され、そこで児童扶養手当の所得制限額が、二〇〇万円から一三〇万円に引き下げられたのですが、それはもう、絶対に許せないと思ってきました。この改悪で、養育費も所得に算入されました。年収が所得制限額の一三〇万円以上だと、収入が増えるほど支給額を減らすスライド方式というものも、国は採用したのです。この改悪で、母子世帯の平均年収は一九九七年の二二九万円から、二〇〇二年は二一二万円へと大きく下がりました。

一生懸命頑張って収入が増えれば、増えた分、児童扶養手当と児童手当が減額になるという、このスライド方式というのは、非常に残酷な考え方だと思います。支給が受けられる最高年収は子ども一人の場合三六五万と、上限は少し引き上げになったのですが、低所得のところで児童扶養手当の額がものすごく厳しいものになっています」

ひとり親世帯の貧困率が世界一高い国において、なぜ、このような残酷なことを制度に取り入れることができるのだろう。

離婚はわがまま

「ひとり親政策に関しては、国の予算額が決まっていて、ひとり親の数が増えても、その中でやりくりするのですよ。これだけ離婚件数が増えてひとり親が増加しても、予算を大きくするのではなく、前年度予算の枠内でやりくりしようとするわけです。

二〇〇四年までは右肩上がりにひとり親世帯が増えているわけですが、前年と同じ予算の枠内でやりくりするために、所得制限額を下げるというのが、国の理屈です。一六〇万に下げたら、その予算内に収まるというわけです。だから、全然、当事者の立場ではなく、机上で辻褄《つじつま》合わせをしているだけなんです。

国のひとり親世帯支援の考え方というのが、ひとり親で頑張って、子どもを養育しているから、国としても精一杯、サポートしましょう、じゃないわけですよ。

国は、福祉に頼るのではなく自ら働いて、その収入で自力で生活する、子どもを養う。それを自立と捉えているのです。まさに、自助。福祉に頼るのは甘えだ、依存だとなるわけです」

日本のシングルマザーは世界で一番、働いている。それなのに、世界一の貧困率に喘いでいる。その抜本問題を解決することなしに、働け、自立しろと国は謳う。

「この国にとっての福祉というのは、誰もが幸せになるためにあるのではなく、『恵んであげる』もの。それは生活保護も一緒で、プライバシーの尊重など関係なく、親族への扶養照会も、面倒を見てくれる誰かを探すため、とことんやるわけです。

児童扶養手当の引き上げなど、国としたら、『何をわがままなことを言ってるんだ！』という意識なんです。国で政策を立案している人たち、国の政治を行っている人たちがこういう意識でいるわけです。

離婚するのはあなたの勝手でしょう、苦労するのを承知で離婚したんでしょう、自分が子どもを引き取ると言ったのでしょう、自分で勝手に離婚したのに、なんで国に助けて欲しいと言うのだ、そういう考え方がずーっと根底にあることが窺えます。

政府だけでなく、日本国民の中にも同じ意識がありますね。『ひとり親が何、贅沢なことを言っているのか』『わがままなことを言っている』という捉え方が社会に根付いているので、ひとり親への施策が不十分だと言っても、多くの人にとっては他人事なのでしょうね」

この国の〝子ども観〟

子どもは国の宝ではないのか。ひとり親で子どもを育てていけるように制度を整備して行くのが、国家の役割なのではないか。そう、強く思うからこそ、こんな言葉が口をついて出た。

「国は、子どものことをどう見ているのでしょうか」

唐突な問いを、神原さんはじっくりと受け止めて話し出す。

「子どもについては、九〇年代以降、〈家庭教育〉という言葉を、国がものすごく言い出したんです。子どもにお金をかけるのは、親の責任だと。日本で子どもは、親の所有物のようになっていますね。

先ほどの質問ですが、国が子どもをどう見ているのかを象徴するのが、子どもの権利条約を、日本では全く具体化していないことに現れていると思います。たとえば一二条に意見表明権がありますが、それが学校現場では無視されていますし、社会の中でも、子どもの意見をきちんと聞く制度もシステムもない。

校則の異常さもそうです。子どもが快適に、子どもの意思で育つためのものではなく、学校や教員が管理しやすいように、いろんな規則で子どもをがんじがらめにしているのが校則です。

厚生労働省にしても、ひとり親世帯に向けた施策の中で、子ども向けの施策ってなんだろう、と思いますね。もちろん、保育所に優先的に入れるとか、奨学金貸与とかがありますが、子どもの学力保障とか進学保障などは、全くないですね」

確かに、大学に行かせたくても、高校卒業と同時に児童扶養手当はじめ、すべての福祉から切り捨てられるのが実態だ。

「ですから、ひとり親世帯で育っている子どもたちの大学進学率が、ものすごく低いんですよ。二〇二〇年度から高等教育無償化の制度が始まっていますが、まだ具体的な数字が公表されていません。幾分かでも、貧困世帯の大学進学率が上がればいいのですが。

大学に合格できたら奨学金を受けることはできますが、行きたい大学に行くための学力をどうつけるかという問題もあります。

しかも大学に入っても、最初の授業料五五万円を貧困世帯でどう出せるのか。私立でしたら年間一〇〇万くらい。子どもたちが奨学金を目一杯借りて、それで授業料に充てる。ですから、大学を卒業するときには大体、四〇〇~五〇〇万円の借金を背負って、社会に出て行くわけです」

ひとり親という環境で育ったばかりに、返済に二〇年はかかる借金を、子どもが背負わなければいけないとは、あまりに理不尽過ぎるではないか。

子育てを終えた、シングルマザーの未来

そして母親もまた、教育ローンの返済に押しつぶされそうな日々を生きなければいけない。

「子育てを終えた母親に待っているのは、どのような未来でしょうか？　子どもに経済的な支援は頼めません。経済面ばかりではなく、精神面でも大変な日々だと思います」

そこに明るい希望はないと、話し始める神原さんの表情が語っていた。

「末子が一八歳を過ぎたら、その時点でひとり親ではなくなります。そこから、一切、支援施策はありません。子育てが終わったから、安心して悠々自適の老後が送れるかと言えば、そんなことはあり得ません。まだ多くの人が四〇代、五〇代ですから、その先の人生は長いです。

正規雇用の仕事に就いている人は限られていますから、パートで働き、ずっとギリギリの生活が続くわけです。国民年金が六五歳で下りるとしても、満額で月六万五〇〇〇円。

満額をもらえる人も限られますが、満額をもらえても、とても生活なんてできないので、ずっと働き続けるしかありません。子どもに養ってもらうと言っても、子どもも奨学金という借金を背負っているので、なかなか難しい。子どもがよっぽど出世して、金銭的にゆとりがないと不可能ですね。

皆さん、七〇歳を過ぎても働いています。七〇歳になると仕事が限られてきて、清掃などの作業を高齢の男性、女性がされていますね」

これが死別なら、全く違うことは前述した。

「同じひとり親でも、死別であれば、夫がサラリーマンなら遺族年金が下りるんです。月に十何万円の遺族年金が下りて、自分がパートで働いていれば生活はできます。加えて持ち家に住んでいる人も多いので、家賃負担はありません。しかも遺族年金は、その方が亡くなるまでもらえるわけです。このように死別と離別では、全然、違うわけです。しかも、遺族年金は課税対象ではありません。非課税です。

日本のように、離別と死別、非婚で、いろんな面で差があるような国って、あまり聞いたことがありません。老後に遺族年金があるとなしでは、ものすごく違いますよね」

今後、離別の高齢女性が増えていくことは統計上でも明らかだ。高齢女性の貧困問題が顕在化してくるということなのか。

「それがもう、一〇年前から離別女性のほうに多数派は転換しています。ひとり親であった方々で、今の七〇歳ぐらいから離別のほうが割合として増えてきていて、貧困に近いところにいる方が少なくないと思います。高齢で、一人暮らしの女性の半分近くは貧困ですので。

ひとり親だった方だけでなく、未婚でシングルの女性たちに対しても、支援って何もないわけです。これだけ、生涯未婚率が上がっているのに。

コロナで炙《あぶ》り出されたのは、ひとり親、単身者など生活が不安定な人のところに、一番、しわ寄せがいったということでした。

低所得世帯の子どもには一人あたり五万円の給付が何回かありましたが、シングルの人たちには一回の定額給付金だけですよね。この方たちには何もない。ただ、『仕事を見つけて、働け』だけしかないんですよ」

どのような困難な状況に追い込まれても、この国は「自助」を突きつけるのだということが、コロナではっきりとわかったことだった。私たちが日々感じる困難は、日本における福祉政策の根幹に理由があったのだ。

「自助」ではなく、「共助」の道を歩むことで、社会に生きる人々がどれだけ豊かな時間を生きることができるかと、改めて思う。

しかし、ひとり親どころか、ＬＧＢＴＱの存在すら認めない、多様性を排除する政権下、「共助」に転じる道が見つからない。

ただ一つ、神原さんは、これだけは言えることがあるという。

「あなたの苦しさは、あなたのせいではない。国によって作られたものなのだ。あなたはちっとも悪くない。だから、胸を張って生きて欲しい」と。

第四章 世界はシングルマザーをどう見ているのか――フランスと韓国の場合

ここで、視点を世界へと転じてみたい。本章では、フランスと韓国の例について、研究者と対話をする形で、支援の具体的な内容と、国としての考え方を探っていこうと思う。

フランス

少子化対策の優等生とも言われ、二〇一三年には同性婚法が成立、多様な家族・多様なライフスタイルを認める国として知られるフランスだが、ひとり親家庭に対しては、どのような支援策を行っているのだろうか。

『日本、韓国、フランスのひとり親家族の不安定さのリスクと幸せ』（学文社、二〇一三年）という著書を持つ、岡山県立大学教授、社会学者の近藤理恵さんに話をうかがった。

前掲書にある「フランスのひとり親家族に対する支援」の章を読んで驚いたのは、フランスにはひとり親家庭に特化した法律があるわけではなく、社会福祉一般の法律でカバーできるということだった。つまり、ひとり親家庭はそれほど特別視されていないということなのだろうか。

「フランスではひとり親の世帯率が日本よりずいぶん高いですし、ひとり親家庭だからといって差別されることは全くありません。たとえば同性婚カップルも多いですが、その子どもに関する本が、本屋には当たり前に並んでいます。ここに象徴されるように、フランスでは多様な家族というものが当然のことになっています。

日本ならひとり親以上に、同性カップルに対しての差別的な考えが強くありますし、そのカップルの子どもも差別される可能性があります。それがフランスではありませんし、ひとり親が特別視されることもありません」

まさに、日本と真逆と言っていい社会がここにある。本来、家族の形は多様であっていいはずなのに、日本ではいわゆる〝標準家庭〟から外れれば、暗黙のうちに「何か、事情があるのね」と、特別視される。

近藤さんはさらに続ける。

「フランスでは、子どもと家族に対する支援の制度が非常に充実しているので、ひとり親家庭以外の家族の方も、子育てをするのに不安を感じないと言いますね。教育費も、幼稚園から大学まで無料ですし」

子育てをするのに不安を感じない……、この当たり前のことが、悲しいかな、日本ではもはや、夢物語となっている。

では、「充実している」という、フランスの支援制度を見ていこう。

フランスで家族と子どもに対する支援を行う機関が、「家族手当金庫」と呼ばれるものだ。その支援は、経済的支援と社会福祉からなるという。近藤さんによれば、フランスの家族支援の特徴は、子どもに対する経済的給付がヨーロッパの中でも充実しているということと、一般への福祉と貧困層への福祉が、バランスよく展開されてきた点にあるという。

教育費については、幼稚園から大学まで授業料は基本的に無料で、子どもがいる低所得者層には習い事に対しても補助金が出る。

他に医療費の補助、一般的な住宅手当、妊娠期や子どもが病気の際のホームヘルプサービスなどの支援があるが、先ほども指摘したようにこれらはひとり親家庭に特化したものではない。一般の子育て家庭でも享受できるわけだから、子育てに不安を感じることはないと人々が実感するのは当然だ。

〈社会の子ども〉という考え方

なぜ、フランスでは、子育てにこれほど手厚い支援があるのだろうか。子どもという存在を、フランスという国はどう捉えているのだろうか。

近藤さんの答えは明快だった。

「子どもについてですが、日本と決定的に違うのは、子どもは〈社会の子ども〉だと見ていることです。日本でも民主党政権のときに、『社会全体で子どもを支える』というキーワードが出されたと思いますが、フランスではそもそも、子どもは〈社会の子ども〉なのだという、徹底した哲学が存在します。だから、子どもに対して経済的支援をするのは当たり前だという考えなのです。

日本では〈家の子ども〉という考えがすごく強くて、かつ、子どもに対する支援が十分ではないので、皆さん、自分の子どもを育てるのに精一杯で、よそのお子さんまで支援できない感じですよね」

なぜ、日本では〈社会の子ども〉とならないのだろう。学校では「子どもは社会の宝」と言われ、教育を受けてきた記憶がある。どんな出自であれ、家庭環境であれ、子どもは皆、社会全体で大切に育まれるべきものではないか。いつの間にか、日本の子どもの中には「格差」が生まれ、その溝が埋まりそうもないのが現状だ。

近藤さんはさらに続ける。

「全国家族手当金庫と、各県にある家族手当金庫でいろいろなことを決めており、移民でも外国人でも、手当は出ます。

スウェーデンとフランスが、子どもに関する制度が手厚い国と言われており、フランスでは手当という形の経済支援、スウェーデンは福祉サービスが充実していると言われていますが、日本から見ればどちらの国も格段に、サービスも手当も充実しているわけです」

つくづく思う。日本は何と、子どもにお金を使わない国なのか。

「そうですね。日本は家族関係社会支出がＯＥＣＤ加盟国の中でかなり低く、専門家から批判され続けています。少子化の流れの中で、ようやく三歳児以上の幼児教育の無償化に踏みきりましたが、幼児教育に力を入れるのは世界的な流れですから、日本も単に、それに追随したということにすぎません」

女性の社会的地位の高さ

女性に対する見方はどうなのだろう。日本では相変わらず、男性より劣る〝第二の性〟だ。

「第二次世界大戦後、どこの国でもそうですが、男性がたくさん亡くなり、労働力不足の中で、フランスでは国として女性の労働力を使うという政策が積極的に推進され女性の労働力率が高くなっていきました。また六〇年代後半から七〇年代はじめにかけての女性解放運動の流れを受けて、女性の労働力率が相当に高まりました。

フランスでの女性の社会的地位というのは、日本と比較にならないぐらい高いです。労働市場においても、政治上においても、日本と比べものになりません。たとえば、近年、企業などの役員に占める女性の割合は、フランスでは約四〇％であるのに対し、日本では数％です。それでも、女性はまだ男性に比べたら差別をされている、ジェンダーギャップがあるという議論は、フランスの中でずっとなされ続けています」

そうした女性の地位が、ひとり親家庭にも影響があるのだろうか。

「日本の場合、ひとり親が経済的に困窮しているということが、どこの国よりも抜きん出ていますね。もちろん、フランスのひとり親も仕事をしていない人は困窮していますが、仕事をしているひとり親は比較的、困窮してはいないんです。これも日本と比べたら雲泥の差だと思います。特に日本のひとり親の女性は、非正規で働いている方が多いですよね」

フランスでは、ひとり親の女性は正規雇用に就けているということなのだろうか。

「そうですね。もちろん非正規の人もいますが、日本ほど低賃金ではありません。仕事をしていないひとり親の貧困率はフランスでも四〇％以上ありますが、仕事をしている人は、貧困ではありません。

これはドイツで聞いた話ですが、経営者は『正規で、シングルマザーを雇いたい』と希望しています。シングルマザーだから支えてあげるのではなく、一人の労働者として普通に働いて欲しいというのが、ニーズなのです。日本ではそもそも、ひとり親に限らず、労働市場での女性の地位が低過ぎます。

とにかく、日本のシングルマザーがこれだけ貧困であることが一番の問題だと思います。児童扶養手当とか他の手当の拡充など、経済的支援をしていくことが重要かと思います。あとは、養育費の問題ですね」

養育費立て替え制度の重要さ

近藤さんから出された、養育費の問題。日本では養育費を受け取っているのは二〇％ほどだが、フランスではどうなのだろう。

「先ほど、ひとり親に特化した法律はないと言いましたが、例外的に、ひとり親に特化しているのが養育費の回収支援制度と、養育費が回収できなかった場合の家族扶養手当の制度です。

フランスでは裁判離婚制度を採用しているので、離婚時に裁判所によって養育費額が決定されます。決められた養育費を支払われていないひとり親に対して、家族手当金庫が一時的に家族扶養手当を支払って、その後、養育費を支払うべき親から回収します。これが養育費立て替え制度です。回収できない場合は、そのまま手当として支給されます。また、回収できてもその額が手当額より低い場合には、手当との差額が支給されます」

養育費が支払われていない場合、国がその額をひとり親に支払った上で、支払い義務のある別れた親から取り立てを行うということだけでも驚きだが、回収できなかった場合は、立て替え分を手当として支給してくれるとは、少なくとも日本では、到底考えられないことだ。

日本ではたいていの場合、養育費の取り決めも当事者同士が行い、未払いの場合、ひとり親が支払いの交渉を行うしかない。さまざまな事情で別れた相手に対して、接触すること自体、非常に苦痛を伴うものだ。本書に登場したシングルマザーで、宅配便ドライバーの女性以外、養育費の回収は相手に訴えてもできていないばかりか、一人は養育費の減額調停を何度も起こされるという「被害」にすら遭っている。

フランスでは、これらの理不尽かつ苦痛を伴う行為すべてを、国が代行してくれるのだ。しかも立て替えまでしてくれ、回収不能の場合、それが手当として支給されるのだ。

それにしても、フランスの仕組みが驚きでしかない。これはいつ頃からの制度なのだろうか。

「ひとり親を対象にしたのは一九八〇年代からです。もともとは、親のいない子どもへの手当として始まりました。

実際にシングルマザーへのインタビュー調査では、貧困の男性からは養育費が取れないとよく聞きますから、手当があるのは大きいと思います。

アメリカやイギリスにも養育費を回収する制度はあるのですが、手当はありません。回収制度があっても養育費が取れなかったらそのままなので、手当があるというのは重要ですね。

日本では、兵庫県明石《あかし》市が立て替え制度を始めたと聞いていますが、例外的なものですよね。国のレベルではまだ、行政機関による養育費の回収システムや、回収できなかった際の手当はありません。それに最近、養育費の算定基準が変わったとはいえ、養育費の基準が低過ぎて、こんなんじゃ、どうするのって感じですよね」

後に触れるが、韓国においても養育費立て替え制度が二〇一五年に作られている。つまり日本は、ひとり親政策において韓国の足元にも及ばない福祉の貧弱国なのだ。

福祉に「自立」は存在しない

二〇〇二年の母子及び寡婦福祉法改正の際、その雀《すずめ》の涙ほどの養育費も、児童扶養手当の支給のために自治体に報告しなければならなくなり、養育費が所得に認定されるという残酷な仕組みが作られた。こうして、養育費を受け取っているひとり親は、児童扶養手当の額を減らされる可能性が大になるという〝改悪〟が断行された。謳い文句は〝福祉から就労へ〟。このことについて、近藤さんはどう考えるのか。

「二〇〇二年の改革というのは、アメリカの福祉政策を真似《まね》したものと思われ、要するに給付するのではなく、仕事をしてもらいましょうという制度です。クリントン政権で強化された政策で、子どものいる家庭に生活保護（公的扶助）を五年間支給したら、それ以上、生活保護は与えないという厳しい制度でした。アメリカではもともと、生活保護に対する制度なのですが、それを日本の児童扶養手当に適用したのだと思います。

それ以前、一九九〇年代終わり頃から日本では、福祉の基礎構造改革という名の下に、『自立』ということがものすごく言われ出しました。高齢者の自立、女性の自立……、なんでも全部、自立を謳い出し、『自立していない人に自立してもらいましょう』と」

確かに、「自立」という言葉は福祉の最終ゴールのように使われている。「自立」の名の下に隠れているのは、「国に頼るな。国に金を出させるな」という意思だ。自立とは、それほど素晴らしい概念なのか。

近藤さんは頭を振る。

「フランスに行ったら、『自立』という言葉はあまり、聞きません。よく聞くのが、その人がいろいろなサービスにアクセスする権利が阻害されているから、アクセスできるようにしようという言い方です。『福祉にアクセスする』という言葉をよく聞きますね。

先ほど〈社会の子ども〉と言いましたが、このような哲学が重要だと思うんです。フランス革命以降ずっと、福祉の分野で基盤になっているのは、〝連帯〟の思想です」

福祉の基本概念が「連帯」なんて、拍手を送りたい気持ちだ。連帯、それはともにあること。ゆえに、サービスを誰もが享受できる状態にすることが、フランスにおける福祉なのだ。

アリバイ的な福祉政策であると感じざるを得ない日本と、何という違いなのだろう。私が強烈にアリバイ臭を感じたのは、二〇〇二年の改革で作られた、いくつかの就労支援制度だ。ただ、アドバルーンを上げただけだと感じた。制度は作ったが、実際には一部の人しか使えないものでしかない。

そのことも、近藤さんにぶつけてみた。

「非正規雇用から脱却して、経済的にもっと稼げるようにしようと国も思っているのでしょうが、職業訓練を受けるための給付が低過ぎて、今の仕事を中断してまで訓練を受けられないわけです。貧困の解決策として、職業訓練をしてより専門性の高い仕事に就くというのが一番かと思いますが、そのためには給付をきちんとして、訓練を受けながら生活を維持できるようにしないといけないわけです」

前述したように、看護師になるために看護学校に通えば、月に一〇万円の給付金が出る。だが、月一〇万円でどうやって、子どもと生活していけるというのだろう。

教育にお金がかからない

教育費が無料だということは、非常に大きい。日本では、義務教育期間が終わってから、教育費の負担は相当なものとなる。教育費が無料であれば、日本のシングルマザーの暮らしはかなり安定したものとなるのではないか。近藤さんも同じ考えだ。

「貧困の再生産とか、貧困の連鎖を断ちきるためには、もはや、教育しかないと思っています。ですので、生活費も必要なのですが、教育にお金をかけずに、大学まで行けるというのは重要だと思います。しかもフランスでは、一部のエリート校以外には、基本、本人が行きたい大学に行けるシステムとなっています。なので、日本のような受験戦争もありません。

私の知っている女性で生活保護を受けている人が、『うちの子、弁護士になりたいので、その道を歩ませます』と普通に話すわけです。生活保護受給者でも当たり前のように、子どもの将来への希望が持てるんです。その生活保護も日本よりも比較的容易に受けられる、使いやすい制度になっています。

ひとり親に限らず、フランスでは子育て世代の女性がみんな、私に言いますよ。『子育ての何が、しんどいの?』って。本当に羨ましいです。フランスでは三人の子どもを連れている人が結構多くて、子育てしやすい環境を反映している光景だと思います。

日本も幼児教育は無料になりましたが、やはり、希望する誰もが大学まで行ける制度をもっときちんと作らないといけないと思います」

本書で何度も触れてきたが、高校卒業と同時に児童扶養手当がなくなり、ひとり親家庭は福祉からばっさりと切り落とされてしまうのが日本だ。他国ではどうなのだろう。

「フランスに限らず、ヨーロッパでは軒並み、もっと支給期間が長いですね。フランスは二〇歳まで手当が支給されます。ドイツに至っては、高等教育や職業訓練を受けている場合には二五歳までですね。日本でもやはり、どんな環境の子どもでも大学まで安心して行けるというのが、一番、重要かなと思います」

ドイツのように大学卒業まで支給が続くのなら、大学進学の夢を諦めないで済む子どもも多いだろう。

自分の人生を楽しむための支援

フランスでは給付と同時に、シングルマザー自身に社会福祉的支援があるというのが、日本と最も違うところだ。

「フランスで私が最も強く感じたのが、ソーシャルワーカーが支援するときに、クライアントの方が明るく元気に生きられるような支援を、熱心に試みているということでした。もちろん、就労支援も経済給付もしますが、若い一〇代のひとり親に子育ての仕方を教えるとか、自分の時間を楽しむこととか、そういうサポートをするのです。たとえば、美容院に行ってちょっと髪の毛を綺麗にするとか、そういう余暇の時間を楽しむことが重要だという形で、支援をしているのです。

余暇の国というか、本当に余暇の時間を大切にする国だと思います。長期休暇もありますし。経済的に余裕がない人でもひとり親でも、長期休暇では近場の田舎で過ごしたり、そういうことが当たり前の社会です」

日本のシングルマザーにとっては、夏休みに子どもと一緒に一泊の旅行を楽しむことすら難しい。

「私は今、ひとり親の子どもも含めて貧困層の子どもたちが、どれほど『余暇活動』、文科省にわかりやすい言葉で言えば『体験活動』をしているかを調査しているのですが、ひとり親の女性とその子どもに、それが欠けていることが明らかになっています。いろいろなことを体験したり、余暇を楽しむことはものすごく重要なことですが、生活するのに精一杯で、そんなところまでいかないんですよね。

『全国学力・学習状況調査』の追加調査として実施された『保護者に対する調査』をもとに、青山学院大学の耳塚寛明教授らが分析した結果によれば、たとえば、家庭の所得と親の学歴が低い階層の小学生で毎日三時間勉強した子と、家庭の所得と親の学歴が高い階層の全く勉強しない子で、どっちの国語の成績がよかったかと言えば、全く勉強しない子だったんです。階層の高い子は机で勉強しなくても、いろいろな活動や体験を親からさせてもらっている。これは社会学者のピエール・ブルデューの言葉を使えば、『文化資本』というものです。文化資本が知らない間に溜まっている結果、成績がいいという。ですから、経済的な支援も重要ですが、さまざまな体験ができる機会を提供することも重要になってきます」

本書に登場した、セックスワーカーのシングルマザーを思い出して欲しい。彼女は長期休暇のときは、さまざまなプログラムに子どもを参加させてきた。そして子どもは、超難関私立高校に合格した。

「ですから、ひとり親家庭の子どもの支援を考えた際、経済資本を高めることと、文化資本を高めることが重要だと思うのです。文化資本を高めることは学歴を高めることであり、日常的な振る舞いを豊かにすることであり、結果、豊かな生活ができるということです。そしてもう一つ大事なのが、『社会関係資本』、人と人との繋がりですね。これらを高めるにはどうしたらいいのかを、考える必要があると思います。

フランスでは『教育ワーカー』という国家資格があって、この人たちの力はとても大きいと思っています。社会的、文化的、個人的な困難を経験している子ども、若者、高齢者を含む大人に対して教育活動を行い、社会で生きやすくなるような支援をしています。児童相談所に相当するフランスの子ども福祉機関や非婚の母と子どもの施設で、よりよく生きるための支援、その方法などを熱意を持って行う、意欲的な専門家に多く出会いました」

社会関係資本を作るということは、親や教師以外の、信頼できる大人と子どもたちがどう出会っていくか、ということだ。フランスでは、これらの三つの資本は子どもたちにちゃんと行き渡っているのだろうか？

「はい。日本よりはかなり、ですね。私は以前、日本で教育支援とか体験活動などをひとり親の子どもたちに行っていましたが、コロナ禍の今は食べていくにもしんどい子どもが増えてきて、その頃よりも支援内容は後退しているような印象を持っています。経済資本の支援の一つである、食事支援が非常に重要になっているのを感じます。

欧米諸国では、食事支援が非常に発展しています。フランスでは二〇一六年にフードロスと戦う法律ができて、大手企業や食品店は必ず、余った食品を慈善団体に寄付しないといけなくなっています。食事支援って、近所の人が食べ物を持ち寄るレベルではなく、企業とタイアップしてやるべきです。しかも単に食べ物を渡して終わりではなく、ひとり親含めて貧困層の子どもに、栄養教育をすることもやっています。そのような場所はフードを渡すだけの場所ではなく、人と人が繋がる場所になっていて、社会関係資本を増やす場にもなっています」

今、ひとり親家庭の子どもに限らず、子どもに家と教室以外の居場所を作ることが切実に求められている。次男がネット依存になってしまったシングルマザーの叫びを思い出して欲しい。彼女はこう言った。

「圧倒的に、（子育てに）手が足りなかった」

親へのソーシャルワーク

先ほども触れたが、フランスでは親に対してソーシャルワークが行われている。これは非常に重要なことだと思う。

「フランスでは相談機関が充実しています。日本で言う児童相談所に相当する子ども福祉機関もありますし、各地にある家族手当金庫では手当の給付だけでなく、ひとり親がソーシャルワーカーの支援も受けることができます。また母子保護機関という、保健分野の母子支援を行う場所が各地にたくさんあります。ここは幼い子どもがいる家庭を訪問するなど、リスク家庭を含めた子どもと家族のケアを行っています。この三つの機関が、かなり機能していると思います。

日本では児童福祉司の数を約五二六〇人まで増加させる計画を持っているものの、子どもと家族に関わるソーシャルワーカーの数が少な過ぎますね。理由はいくつかありますが、その一つは、子どものことは家族で解決しなければならないという文化にあると思います。

ですので、十分なソーシャルワークができていないのが現状です。日本では離婚した母親が、子どもに後ろめたさを抱えているケースが多いわけですが、それを何とかするためにもソーシャルワークが重要だと思います」

行政に母子・父子自立支援員はいるが、それを担うのは一般の職員で、専門知識と経験を有し、社会福祉士や精神保健福祉士などの国家資格を持つソーシャルワーカーではない。生活保護のケースワーカーも、児童相談所の児童福祉司も同様だ。ゆえに大切な場で、きちんとソーシャルワークが行われていない実情が日本にはある。まして、ひとり親に対するソーシャルワークなど、発想自体、存在しない。

フランスでは、どのようにソーシャルワーカーがシングルマザーにアプローチするのだろう。

「先ほど話したように、自分の人生を楽しむという話になっていくわけです。子どものためだけに生きていたら、自分の人生は楽しまなくていいとなってしまう。そうではなくて、当事者同士のグループワークの中で分かちあいの時間を持ちながら、楽しく生きることは重要だと確認していくわけです。そのワークにはソーシャルワーカーや教育ワーカーがいて、人生を楽しく生きることを伝えていきます。グループワークも、そのような専門家がいないと難しいと思いますね。ですから、フランスにおけるひとり親への支援というものは、就労支援ばかりではないということです」

何と羨ましいことかと思う。人生を楽しむための支援なんて、この国のどこでそんな言葉が聞けるだろう。民間のＮＰＯでも、そこまで打ち出しているところはどれだけあるのだろう。しかし、それこそ、喉から手が出るほど欲するものだ。

シングルマザーは離婚で傷ついたり、苦しんだりしている面もあるのに、日本の制度では全くケアされないまま放置され、働けと迫られる。

「日本でも一応、自治体には母子・父子自立支援員を配置していますが、その人たちの約七〇％は非常勤で、社会福祉関連の資格を持つことが義務化されているわけではないので、フランスのような支援はできないと思います。ふと思うのですが、そうした支援に加えてフェミニズム的な思想もあったほうが、強く生きられるかなと思います。自分らしく強く生きていくというような気持ちですね。男性に頼るだけでなく、自分自身で生きていくというような。

何よりもっともっと豊かな支援があれば、安心して子どもと暮らすことができ、心の余裕もできて、離婚への後ろめたさがなくなるのかもしれません」

全くその通りだと思う。子どもと二人でも、こんなに楽しい！と思えれば、もっと胸を張って生きられる。

「ひとり親であっても、経済的にある程度、豊かに暮らせて、子どもが大学まで無理なく行けるのであれば、全く違いますよね。これこそ、フランス的かもしれません。悲壮的にならなくていいわけですから。人生は、楽しむためにあるものだという考えですから」

人生は楽しむためにあるもの――一度とて、胸によぎったことはない。働いて自立して強迫的に迫られるのが、私のシングルマザーとしての人生だったから。子どもの成長を喜びとして、笑って暮らしてきたとは思うが。

近藤さんに対する質問は、残すところ一つとなった。それは本書のタイトルでもある、シングルマザーの「その後」についてだ。

フランスにおいて、子育てを終えたひとり親の女性や、シングル女性の未来や老後はどのようなものなのだろう。

「日本よりもフランスでは、基本的に、皆さん、経済的に自立して、特に問題なく暮らしていますから、不安なく生きていける人のパーセンテージはかなり高いと思います。男女間の賃金格差も日本より全然少ないですし、歳を重ねても生きていくのに問題はないと思います」

これが、フランスにおける当たり前の暮らしなのだ。日本は何と、遠いところにいるのだろう。

「日本ではまず、男女間の賃金格差をできるだけ小さくしていかないと思います。労働市場で女性が優遇されるようなシステムが必要ですね。これはもはや単なる貧困では語りきれない、社会的地位の問題ですね」

いくら対照的な国とはいえ、フランスで子育てができれば、シングルマザーであっても着飾ったり、バカンスを楽しんだり、もっと色彩豊かな日々を生きることができるのだ。

韓国

日本人の多くは、たとえいわゆる〝嫌韓〟意識などとは無関係であっても、韓国は日本と似たり寄ったりの国だと勝手に思い込んでいるのではないだろうか。

しかし、それは日本人の思い込みに過ぎないことを、ここから明らかにしていこう。少なくとも、ひとり親政策に関しては、韓国は日本の遥か先を進んでいると、日韓の研究者たちと共同研究を行った、社会学者の神原文子さんは断言する。

韓国のひとり親政策に関するナビゲーターは、度々登場していただいている、神原さんだ。

神原さんによれば、そもそも、韓国は日本の施策を真似てひとり親政策を始めたという歴史がある。だが、どこで日本と韓国は決定的に道を違えてしまったのだろうか。神原さんがまず指摘したのが、戸籍だ。

「韓国では二〇〇七年に、『家族関係登録法』が成立して、戸籍制度が廃止され、家長の下に個人が入る戸籍ではなく、個人ごとに『家族関係登録簿』を作るようになりました。

それ以前から、ジェンダー平等と子どもの福祉優先の考え方のもと、戸主制度も廃止されています。

日本は民法で家制度を廃止したはずなのに、戸籍があるために、まだ延々と『氏』というものが残っているじゃないですか。戸籍筆頭者の姓を名乗るという。だから戸籍を廃止しないことには、本当の意味で男女平等になっていかないと思います。

日本と同じ東アジア文化圏に属する国では、中国も台湾も北朝鮮も、どこも夫婦別姓が当たり前です。日本では夫婦別姓になると家族の仲が悪くなるとか、今になっても政治家は言っているわけですから。どこにその根拠があるか、示してもらいたいものです」

まさか、韓国がとっくの昔に戸籍制度を廃止していたとは！　正直、全く知らない事実だった。儒教思想が根強く、家制度に縛られている国という思い込みを、私もまた勝手に持っていたのだ。

日本では戸籍廃止を望む声はあまりに小さく、むしろ家父長制を強めようという動きのほうが顕著だ。神原さんが指摘するように、夫婦別姓ですら頑として認めようとしない政治家の何と多いことか。二〇二一年六月に出された、最高裁による「夫婦別姓を認めない民法などの規定は合憲」という判断は世界に逆行する恥ずべきものだ。

どうしてここまで、日本と韓国は違ってしまったのだろうか。

「日本と大きく違うところとして、韓国では多様な家族を社会がどう包摂していくかという視点から、家族政策が見直されてきていることです。ダイバーシティ、すなわち多様性を重視するというのが大きいですね。日本はむしろ、この方向性から逆行していますが」

神原さんはサラリと「逆行」と言われたが、日本において家族政策の根幹に〈多様な家族〉を置くなんて、政権が変わらない限り、あり得ないだろう。

ひとり親家族の日

「たとえば韓国には、『ひとり親家族の日』があります。二〇一八年から始まったのですが、その日は、ひとり親の人たちはいろんなところに集まって、みんなでフェスティバルのような催しを楽しむんですよ。

韓国の制度が何もかもうまくいっているというわけではないのですが、この『ひとり親家族の日』のように、いろいろなアイデアが取り入れられて、当事者の人たちが希望を持てたり、自分たちはいろいろな人に支えられているんだと実感できたり、仲間と繋がっていると思えたりとか、そういう仕組みが、韓国のひとり親支援策にはあるのです」

当事者たちが希望を持てるような支援、これこそ、日本で最も欠けていることではないか。頑張って収入が増えても、児童扶養手当の額が減らされるのだから、どこに希望が見えるというのだろう。

「さらに韓国では、ひとり親のことを理解してもらうために、ひとり親たちが出前講座のようなことをしています。これを、理解教育と言います。『ひとり親家族の生活はさまざまな困難に満ちているけど、こうして頑張っています、みんなで応援しましょう』と訴え、現状を理解してもらう取り組みを行っていますね」

すべて、日本と対照的と言わざるを得ない。韓国には、「ひとり親家族支援法」(二〇〇八年施行)という法律があることも驚きだった。もっと驚いたのが、その条文の内容だ。支援法の目的に「ひとり親家族が健康で文化的な生活を営めるようにすることで、ひとり親家族の生活安定と福祉増進に寄与すること」と明確に掲げ、さらに「すべての国民はひとり親家族の福祉増進に協力しなければならない」と明記してあるのだ。シングルマザーへの差別的眼差しを変えようとしない日本と比べ、韓国は何と民主的で、進んだ国なのだろう。

「日本と韓国のひとり親支援策を比べると、第一に日本のひとり親家族支援は児童福祉制度の中に位置付けられていますが、韓国では家族の多様化政策の中にあるという違いがあります。次に日本のひとり親への経済支援は、死別・離婚・未婚と、ひとり親への『なり方』によって異なる、すなわち差別を前提とした支援策ですが、韓国では生活困窮度を基準とした支援策になっています」

まさに、その「差別を前提とした支援」を、本書では散々見てきた。死別と離別・未婚との決定的な差を、あえて制度に滑り込ませる、日本という国の現状を。

なぜ、韓国のように困窮度を基準にできないのか。そのほうが遥かに明快で、透明性があるではないか。

当事者が明るく、元気になる支援

神原さんは、さらに語気を強める。

「そして決定的に違うのは、日本では全くその発想すらありませんが、韓国ではひとり親家族へのエンパワメントと、差別や偏見をなくす教育や啓発に力を入れていることですね。たとえば、給付金も貧困度が高いところほど重点的に給付しています。その給付にもいろいろな種類があって、児童養育費、学用品費、生活補助金、高校生教育費など、子どもの教育費についても給付しているのです。

相談支援も手厚く、ソウル市には専門の心理カウンセラーと連携したサービスもありますし、『ひとり親コーディネーター』という担当がいて、ひとり親に対して生活密着型の相談や情報提供サービスも行っています」

第三章のインタビューで、神原さんは「生活困難なひとり親世帯の子がどうやって、行きたい大学に行く力をつけるのか」と疑問を呈したが、子どもの教育費が韓国のように給付されるなら、塾に行かせることも可能となる。

「受験戦争に見られるように、韓国は教育にものすごく力を入れている国です。過剰な競争が問題になっている面もありますが、そうした社会で、少なくとも、ひとり親の子どもたちは社会的に不利になりますから、そこに関しては国がお金をかけて補助するわけです。

高校生の授業料は全部、国が出しますし、学習塾へ行く費用もサポートします。支援策を見ていて、日本になく韓国にあるものといえば、多様性を包摂していく考えと、当事者たちがみんな元気になって、明るく生きていけるようにエンパワメントを大事にしていることですね」

フランスに続き、韓国も、なのだ。シングルマザーが明るく元気に生きていけるように支援する。シングルマザーの「なり方」によって支援を変える日本とは、真逆だ。

未婚母への手厚い支援

日本ではほとんど手付かずの状態となっているが、未婚で妊娠した女性への支援も手厚いと聞く。

「そうですね。その人たちのことを韓国では『未婚母』というのですが、〝自ら自分と子どもを守った、勇気ある未婚母・父〟と、勇気ある存在として、早期の支援を重視しています。

韓国でもまだ離婚とか、結婚しないで女性が妊娠することに対しては社会的にバッシングがあって、結婚していない娘が妊娠すると、親は娘を家から追い出すんです。家の恥だと。さらに、韓国では妊娠中絶に対してはものすごく見方が厳しい現状があります。

そこで市民団体が、行き場のない妊婦を保護することを始めましたが、未婚で生まれた子の九割は海外養子となりました。これは、子どもの売買という、先進国にあるまじき行為だということで、二〇〇九年に海外養子を禁止にしたのです。こうして自分で子どもを育てようと決意した女性たちを、民間団体が保護しようと動き出し、国もサポートするようになりました。

今日、韓国のひとり親支援の一番の中心は、未婚母支援と言っていいと思います。全国各地にグループホームを作って、出産まで保護して、出産後も自立できるまではグループホームで生活することでサポートしていきます。未婚母の教育を受ける権利も重要なものと考えられ、復学したり、高校へ入学したりすることもサポートします」

全国各地に未婚母対象のグループホームがあり、出産どころか、自立できるようになるまで子どもと一緒に生活することが、韓国ではできるのだ。それだけでも驚きだが、未婚母に教育を受ける権利まで保障するというのは、日本では全く考えられないことだ。

赤ちゃんポストも熊本から広がることはなく、遠く関東から産後の身体を引きずるように、赤ちゃんポストを目指す女性たちがいると聞く。そうでなければ、公園のトイレや自室で出産し、死産となったり、殺《あや》めてしまうという悲しい事例ばかりを聞く。韓国のように全国各地にグループホームがあれば、自分で調べて入居すればいいわけだ。産んだ後、養子や里子として託す選択もあれば、自分で育てる道を選ぶこともできる。そして何より守ってくれる支援者がいて、同じ当事者同士で繋がることもでき、孤独の中での出産ではなくなるのだ。

神原さんはさらに続ける。

「驚いたのですが、『未婚母家族協会』という、未婚の母のみを支援する全国組織の団体があるんですよ。発足当初は財政的に厳しかったそうですが、今では日本円にすると数千万円規模の事業をしています。なぜ可能かと言えば、サムスンやヒュンダイといった大企業やカトリック教会などから、多額のカンパが入るからです。韓国では、特に二〇〇〇年代以降寄付文化が広まっていて、民間企業や個人が支援団体に寄付をすると、税金の控除措置があるというのも大きいと思います。

寄付をすると、その企業で働いている人たちに、たとえばひとり親の現状などを知ってもらうきっかけにもなるわけですし、ひとり親への理解を広めることにもなります。社会全体で、ひとり親とそこで育つ子どもたちを支えていくためには、市民の理解が重要だと国として考えているのです。もちろん、韓国の超少子化と無関係ではないと思いますが」

養育費問題

フランスの養育費の立て替え・回収、回収不能の場合は手当として支給する制度の先進性について驚いたばかりだが、養育費に関して、韓国はどのような状況なのだろう。

「韓国では二〇一五年、『養育費履行管理院』制度が制定され、養育費の強制執行や養育費の立て替えがスタートしています。ここでは養育費の相談から訴訟、履行までワンストップの支援が行われています。まだ認知度が低く、十分に成果を挙げるまでにはなっていないようですが、国として制度を立ち上げた点は非常に評価できることです。日本では、国としてようやく議論が始まったところですし、先進国で最も遅れています」

国が養育費の立て替えを行い、本人から強制執行で取り立てるということを、韓国ではすでに、朴槿恵《パククネ》政権のときから行っているのだ。この点だけを見ても、日本という国の後進性が明らかではないか。

シングルマザーの貧困率が世界最悪レベルである日本なのだから、国は待ったなしで何らかの手を打たねばならないだろう。その手っ取り早い策が、養育費を確実に払わせることではないか。

起業支援を柱とする、就労支援

就労支援は、どのように行われているのだろうか。

「韓国の就労支援で特徴的なのは、参与連帯といった市民団体による起業支援ですね。独立して、自分でやっていくという。雇われていると、どうしても低賃金を強いられますから、自分のスキルを活かして、ビジネスや商売を始めることへの支援を重視していますが、その支援が非常に徹底しています。独立資金も貸しますし、経営のノウハウも専門家がついて教えていきます。どこでどんな店を出すとうまくいくとか、経営のアドバイスを三年間、専門家がずっとついてくれるわけです。

なので、韓国では結構、ひとり親になってから独立する人たちが多いですね。エステサロンとか韓国料理の店を出すとか。韓国は外食産業も盛んなので、お弁当の店を開くとか、飲食関係の仕事をやられる方が多いですね。美容師の資格を取って美容院を経営するなど、皆さん、独立するたくましさがあります。お金も貸してくれて、ビジネスのノウハウもきちんと研修してくれて、独り立ちできるまでちゃんと一緒に関わってくれる支援があるから、可能になっていると思います。借金を何年で完済できるようにしようとか、微に入り細に入り、アドバイスをしてくれるわけですから」

自営業を行う身としては、こんなに羨ましいことはない。専門家が三年もアドバイスをしてくれるのなら、もっと安定した収入も可能だったかもしれないとつくづく思う。

私自身の経験で言えば、就労支援の現場で「起業」のきの字も聞いたことはなかった。

そもそもの発想が違うのか。日本と韓国のひとり親支援策がどこで違う方向に向かい始め、どこで逆転していったのだろうか？

「韓国は八〇年代半ばまで軍事政権で、労働者の人たちはものすごく抑圧されていました。さらに女性たちは家父長制の抑圧に苦しんできました。こうした中、民主化の動きの中で、フェミニズム運動や労働運動で力をつけた女性たちが、今、ひとり親支援団体のリーダーになっていたり、社会活動を担っていたり、社会の中枢にいるわけです。しかも単独ではなく、横の繋がりもきちんと構築されています。

私たちが韓国に行って、ひとり親支援団体のリーダーの方たちにお会いしても、彼女たちの意識は自らの活動が福祉の領域とは思っていません。彼女たちが拠《よ》って立つのはフェミニズムであったり、女性の人権だったり、労働者の権利だったりするわけです。ひとり親の問題を福祉という枠だけでなく、女性の人権の視点で捉えていることを強く感じます。権利の実現を目指しているわけです。

支援団体では結構、二〇代後半から三〇代の若い女性も中心で活動していますし、何か、勢いを感じますね」

それはつまり、勝ち取った民主主義と、与えられた民主主義の違いなのか。

「そうとも言えますね。さらに今の文在寅《ムンジェイン》政権で、ひとり親施策に関しては、長年ひとり親の研究をしてきた研究者が行政の中核に任用されたりするのです。本当の専門家をリーダーにしているので、施策のスピードが速い。文在寅大統領自身が民主化運動をやってきた方なので、ダイバーシティやジェンダー平等などをスローガンに掲げているのも大きいと思います。

ひとり親支援策も行政が直接行うのではなく、民間にいろいろな施策を委託して、その民間をきちんとバックアップしています。民間が動きやすいように」

神原さんは、ソウル市と東京都のひとり親世帯への支援策を比較研究しているが、その中で、「自立」についての考え方が違うと言及している。

「ソウル市では、ひとり親がエンパワメントによって、自ら権利を追求できることを『自立』と捉えています。

東京都においてはきちんと定義はされていませんが、ひとり親が就労によって福祉的支援を必要としなくなることを、『自立』と捉えていると推察されます」

日本の支援策ではシングルマザーが自分に誇りを持って、明るく元気に生きていくなどという発想は、どこにもない。後ろ指を指されないようにと、「自助」を求められるばかりだ。

ここで、神原さんにも最後の質問となった。

韓国では、子育てを終えたシングルマザーに、未来はあるのだろうか。

「韓国で、年金制度が充実しているなどの話は聞きませんが、ひとり親たちが頑張って起業して、ある程度、軌道に乗ったら、貧困ではない暮らしが可能となります。韓国では働けるうちは働いて、お金も貯めて、老後はゆっくりしようという方が多いですね。

そしてひとり親同士、お互い助け合いながら、頑張っていかれるのだろうなと思います。ネット社会ですから、支援団体ともクリック一つで繋がり、当事者同士もいろいろな情報交換をしていて、孤独を感じなくて済むようになっています。

日本のように、絶望しかないという状況に韓国のひとり親の女性はいない、と言えますね。未来はちゃんとあると思います」

明るく元気にたくましく、商売やビジネスでちゃんと稼ぎながら、自分の人生を楽しむ、子育てを終えた韓国のシングルマザーの姿がくっきりと浮かぶ。

日本のシングルマザーには、子育てを終えた後、安寧の日々が一片たりとてない理由が、韓国の支援策からはっきりと見えてきた。

インタビュー　日本のシングルマザーはなぜ、ワーキングプア状態に陥るのか

畠山勝太《はたけやましょうた》（比較教育行財政／国際教育開発専門）

先進国で最低、日本の女子教育

第四章では、フランスと韓国のひとり親支援策や、その国のシングルマザーへの眼差しを見ていくことで、日本の現状を対照化することを試みた。

誰の目にも明らかなのは、フランスや韓国なら、シングルマザーは自分らしく生き、子どもを育てていけるということだった。

さらにグローバルな視点を、国際教育政策を専門とする、畠山勝太さんに求めたいと思う。自らのツイッターに、「公平で効率的でインクルーシブな教育政策を通じて貧困の無い自由で平和な社会を作る事を目指しています」と記す畠山さんに、なぜ日本のシングルマザーは世界で最も高い就業率でありながら、最悪の貧困状態に置かれているのか、解決

策はどこにあるのかをうかがうこととした。

突出する、日本の子どもの貧困率

畠山さんは、子どもの貧困についての国際比較から口火を切った。

「本題に入る前にまず、国際教育開発という私の専門分野から、子どもの貧困について、国際比較を通して具体的に見ていきたいと思います。子どもの貧困は、保護者（シングルマザー）の貧困に起因するわけですから。

そこで子どもがいる家庭の貧困状況について、OECD諸国のデータを比較することで、日本の状況を捉えてみようと思います。

まず、『子どもの相対的貧困率』のデータからわかるのは、日本では子どもの約六人に一人（当時）が相対的貧困状態にある家庭で暮らしているという事実と、この貧困率は先進諸国の中でもかなり高いということです。

次に具体的に、子どもの生活場面を見ていきましょう。『子どもとして生活するための必需品を二つ以上欠いている子どもの割合』ですが、これを見ると実際に、子どもが物質的にどれだけの剝奪状態にあるかがわかります。日本は八つある必需品の中でも、室内用のおもちゃ・宿題をするための静かな場所・子どもの衣類で下から三分の一に入っています。データからわかるのは、日本は平均より悪い状況にあるということです。つまり、家計が苦しい中でも子どもがよりよい生活ができるような支出がされているわけではなく、家計の貧困が実際に子ども自身の貧困状態につながっていることを示しています」

畠山さんはさらに続ける。

「『基礎的な七つの教育資源すべてを持っている子どもの割合』を見ていくと、日本はOECD諸国の中で、最下位になっています」

七つの教育資源とは何を指すのだろう。

「勉強机、勉強に集中できる静かな環境、宿題をするためのパソコン、勉強のためのソフトウエア、ネット接続、辞書、教科書となっています。OECD諸国の平均は四四・六%ですが、日本はわずか一二・二%と最下位です。先進国と言いながら、実は十分な教育投資を受けていない子どもたちがいかに多いのか、一目瞭然だと思います。日本の子どもたちの貧困状況は、これほどまでに深刻なものになっていることがわかります。ここから、次世代への貧困の連鎖へ繋がるわけです」

一二・二％！　この数字に驚きを禁じ得ない。平均より何と低いことだろう。

胸が苦しくなるような、日本の子どもの現状。以前、取材をした課題集中校の生徒たちが、スマホと教科書しか持っていなかったのを思い出す。家に机もなく、勉強ができる静かな環境すらなかったと、家庭訪問をした教師が嘆いていた。「あれじゃ、とても勉強しろと言えないよ」と。

なぜ日本のシングルマザーは貧困なのか

畠山さんが指摘するまでもなく、子どもの貧困は親の貧困を示している。

親世代、とりわけシングルマザーの貧困を何とかしなければ、貧困が次世代に受け継がれてしまう構図がすでに、しっかりと作られているわけだ。

「そうです。だからこそ、ここで止めないといけないわけです。では、先ほどの質問に入りますね。日本のシングルマザーはこれほど働いているのに、なぜ、これほど貧困なのか。このことについて、ＯＥＣＤのデータからわかることを話していこうと思います。

ＯＥＣＤの加盟国全体で共通しているのが、教育水準の高いシングルマザーの就労率は九〇％に近く、この層であれば、仕事をして普通に暮らしていけるということです。これは日本でも例外ではありません。

ただし、日本だけ顕著に現れている特徴があります。それは、高卒や高卒未満のシングルマザーの就労率が高いということです。ＯＥＣＤのどの国でも、高卒や高卒未満のシングルマザーの就労率が六〇％を超えている国はなく、彼女たちに向けた社会保障が少なくともある程度は機能していることがうかがえます。ところが、日本では八三％。高卒・高卒未満のシングルマザーの就労率が他の国と比べて、三〇％以上高いわけです」

他国では収入面で不利になる高卒や高卒未満のシングルマザーに対し、福祉的な支えがあるわけだ。しかし、日本では丸腰のまま低賃金の非正規労働市場に放り出されている。まさか、ここに日本的な特徴があったとは……。ここが、相対的貧困率の高さに繋がるということなのか。

「実際、ＯＥＣＤ諸国において、就労しているシングルマザーは、正規雇用がメインなのです。日本だけ、ここが違うわけです。総数で見ると、正規で働いているシングルマザーは五割にも満たない。パート、アルバイトなど、非正規雇用の比率が高い。これは日本だけです。

ですので、これほど働いているのに貧しいというのは、要は、その賃金が低いからなのです」

確かに、シングルマザーは非正規労働による低賃金に苦しめられているが、これは日本に限ったことだったのだ。なぜ、このようなことが起きているのだろうか。

「一つは、教育水準の違いで説明できます。日本の女性の教育水準は実は、先進国で最低レベルなのです。男性と比べたときの女性の教育水準を〈相対的な教育水準〉というのですが、OECD三五ヵ国の中で、女性のほうが男性より大学進学率が低い国というのは韓国とトルコ、日本ぐらいで、日韓が並んでいて、トルコは日韓よりも上です。

他の国というのは、女性のほうが男性より大学進学率が高いのです。しかし、大学院まで視野を広げると、韓国は日本よりもだいぶこの値がいいので、日本は先進国の中で、最も女性の相対的な教育水準が低い国だと言えるでしょう」

何という、恥ずべき実態なのか。戦後七〇年以上経ち、教育の男女平等は当たり前だと思っている女性も多い。かく言う、私もそうだった。

「たとえばアメリカのハーバード、イギリスのオックスフォード、ケンブリッジなどトップスクールは男女比が半々なのです。しかし、東大で女子学生がどれだけいるか。旧帝大でも、女子学生比率は三分の一を超えているところは確か、ないと思います。大阪外国語大学を吸収した大阪大学が、たまに三分の一を超えるときがあるかな？というぐらい。先進国で、そういう国は日本だけなのです。

とりわけ、理系における大学院の女子の進学率は最低レベルです。日本は、男女間の教育格差がものすごく大きい国なのです」

確かに、医学部に合格している女子学生を不合格にする操作が行われ、都立高校においても、男子生徒に下駄を履かせていた事実が明らかになった。そういう国だということが、白日の下に晒された。女子学生の大学進学率はなぜ、伸びていないのだろうか？

「いまだに、『女の子に教育はいらない』という風潮が根強くあります。これが一番の要因かと思います。根本原因と言ってもいいですね。実際、地方ではその考えはいまだ主流と言ってもいいかもしれませんし、東京でも下町には『女の子は勉強しなくていい』という習慣が、まだあるように思います。親が娘を大学に行かせない。『おまえ、大学なんか行っても、しゃあないだろう』と言われれば、大学に行くわけがないですよね。

高校の進路指導も、女子生徒には難関大への挑戦をさせずに、無難な進路を勧めてくる。実際、学力試験の結果だけを見ると、男女間にそれほど差はないのです。なのに、大学進学となったときに、非常に大きな差となって現れてくるのです」

確かに中学の同級生で、四年制大学に進んだのは私ともう一人しかいない。そんな足元のことに気づかずにきたわけだ。仕事柄、周囲には四大卒の女性ばかりでもあったから。

むしろ、女に教育はいらないという考えは、貧困に喘ぐ層で、より顕著なのではないか？　実際、シングルマザーのママ友が息子は大学に、娘は短大や専門学校でいいというケースを見てきた。

「確かに、それはあると思いますね。男の子なら貧しくても無理して大学に入れるけれど、女の子なら専門学校でいいとする親も多いでしょう。

この男女間の教育水準格差が、社会人になれば、男性のほとんどは大卒の正規雇用、女性はほとんどが大卒未満の非正規雇用、これがそのまま、男女間の賃金格差となって現れているわけです。

日本のシングルマザーのほとんどが、教育水準が低い女性なので、非正規雇用、かつ低賃金で働かざるを得ないというのが、貧困の原因となっています」

日本のシングルマザーでフルタイムの正規雇用といえば、限られた職業しか思い浮かばない。

「一握りの正規雇用に就くためには、学歴が求められるわけです。はっきり言えることは日本では、高卒や高卒未満のシングルマザーに対して、非常に厳しい労働環境、及び労働慣行があるということです」

足を引っ張る、日本特有の労働慣行

日本特有の労働慣行とは、何を指しているのだろうか？

「正規雇用に就くことの難しさですね。日本の場合、長時間労働ができないと正規職員になれない、逆に言えば正規職員になるには長時間労働ができることが前提になっているという労働慣行が、厳然とあります。

ですから、家のことすべての面倒を見てくれる専業主婦がいるか、自分の親の支援を受けられる人でなければ、なかなか、長時間労働には耐えられないわけです」

高度経済成長期に確立した、専業主婦がいて、一家の大黒柱である男性が稼ぐという労働モデルが、これほど時代状況や環境が変わった今でも、労働慣行として続いているのか。

「そうです。ですから、この長時間労働をしないと正規職に就けないというところをまず一番に、改めないといけないと思います。

変えるためには国が企業に対してきちんと税金をかけて、それを元に助成金を出して、それで労働慣行を変えるというやり方しかないのですが、日本では企業にそれほど高率の税をかけていませんので、減税などの優遇措置によるインセンティブを設けることもできなければ、そもそもその財源も確保できない。国による雇用慣行に対する働きかけが強くはできない。

そもそも、政府にその考えがあるのかも怪しいですし、日本には女性の国会議員が少ないので、労働慣行を変え、男女の賃金格差をなくすというメカニズムがどこからも上がってきていません」

そのしわ寄せが、シングルマザーにのしかかってきているのか。

「確かにシングルマザーはそのしわ寄せを、一番受けやすい存在でしょうね。しわ寄せは弱い層にくるものですから。

私はシングルマザーであっても、家庭と仕事を維持しながら、正当な給料をもらえて、ちゃんと子育てをしていける国がまともな国であると思います。データで見るとノルウェー、デンマーク、ベルギー、スウェーデン、アイルランドなどがそのような国です。ほぼ北欧ですね。北欧は高福祉・高税率の国ですが、税率が高いというのはそれだけ、労働環境に対して政府の介入を効かせることができるのです。税率が低いということは、裏を返せば、企業側はやりたい放題、何でもできる状況。インセンティブもなければ、ペナルティもない」

国が企業に対して、高率の税を取ったほうが国民にとってはいいということなのか。

「ある程度高いほうがいい理由は、そのことによって、国が企業に望ましい働き方だとか、望ましい産業への転換を促すことができるからです。

日本の企業は今、やりたい放題です。長時間労働をしている企業には税率を上げるなどの懲罰もできるはずですが、政府はそのようなことはしていませんから」

今の企業風土は決して、女性が働きやすい環境と言えるものではない。畠山さんはその点も指摘する。

「問題なのが、職場内での女性差別です。労働慣行や女子教育の問題は、会社に入る以前の問題ですが、日本は会社の中にも、シングルマザーを貧困へと追いやる問題が存在しています。

まず、入社してからスキルアップのために研修を受けたりすると思うのですが、勤務時間内に研修を受けられている女性の割合は、日本はOECD諸国の中でもほぼ最下位です。相対的な教育水準の低さ・研修への参加率の低さから、日本は男女間のスキル格差が先進国でも最も大きい国の一つとなっています。

さらにスキル水準が同じ男女を比較したときに、存在している会社内でのスキル活用格差もOECD諸国でワースト5に入っています。

勉強を頑張っていい会社に入ったとしても、そんなひどい扱いを受けることが、薄々とでもわかっているなら、勉強するのが馬鹿馬鹿しくなるのも当然です。

いずれにせよ、会社に入ってからスキルアップの機会も限られていれば、スキルを発揮できる機会も限られているわけで、シングルマザーが女性であるがゆえに低賃金に押しとどめられやすいという構造が会社の中に存在しています」

子どもを産めば、企業内でさらなる逆風に見舞われる。

「ここが、シングルマザーが〝マザー〟であるがゆえに貧困に陥りやすくなっている点でもあります。これは何も日本に限ったことではないのですが、北欧諸国ですら、女性が母親になることで、賃金にペナルティが発生し、そのペナルティの大きさは第一子よりも第二子、第二子よりも第三子で大きくなっていくことがわかっています。そして、このペナルティは、男性には存在していないこともわかっています。

子どもが生まれると、女性ばかりがキャリアの中断を迫られ、男性はそうではないことによるもので、実際にキャリア構築上、重要な二〇代後半から三〇代前半に第一子を産んだ場合、それ以外の年齢帯で第一子を産んだ場合と比べてこのペナルティが大きくなります。

女性が母親になることで、貧困に陥りやすくなると言えるでしょう。これこそ、シングルマザーが貧困に陥りやすい理由の一つでもありますし、そりゃ少子化も進むよなという所以《ゆえん》でもあります」

では、どうすれば貧困の連鎖を止めることができるのか、畠山さんの答えは明快だった。

「一番の突破口になるのは、やはり女子教育、多様な進学機会の保障だと思います。結局、女性に対しての差別的な賃金も『女性の教育水準が低いから、高い賃金を出さなくていい』となっているわけです。女性の教育水準が改善すれば、女性への扱いがよくなるはずですし、シングルマザーへの厳しい雇用慣行というのも改められることも考えられます。『女の子に教育はいらない』というのは、シングルマザー問題の一番根本にあると思っています。

さらに言えば、企業や政府に頼るよりは、このほうがまだ実現可能性がある気がしています。女性が文科省に女子の教育水準を上げてくれと、がんがんプレッシャーをかけていく。ちょっと時間はかかるかもしれないですが、私は女子教育の充実がシングルマザー問題の突破口になり得るのかなと考えています」

奨学金の拡充を

貧困の連鎖を断ちきるためには教育が重要だが、現実問題として、シングルマザーが子どもを大学まで行かせることが、日本では非常に困難になっている実情がある。

「そうですね、貧困世帯への奨学金の拡充というのは絶対にやらないとまずいですね。貧困の連鎖って、続けば続くほど深刻化します。文化資本などがネガティブに蓄積されていくのを早く断ちきるためには、貧困世帯が煩雑な手続きを経なくても、自動的に受け取れる奨学金の拡充が必要です。

申請型にすると捕捉率が低下するので、手続きを極めて簡易なものにして、かつ授業料だけでなく、生活費の面倒も見てくれるようなものですね」

授業料だけでなく生活費も、という発想は私には全くなかった。

「授業料というのは直接の費用なのですが、大学に行っている間、働いていたら得られたであろう賃金を放棄して行くわけなので、これを間接費用というのですが、その分も奨学金として出すということです。間接費用のほうが、直接費用より全然、大きいわけです。

間接費用を無視した、少ない額の奨学金では効果が薄い。ですから直接費用と間接費用の全部を総合して、かつ手続きが簡単で、貧困層が幅広く受け取れる奨学金の創設ですね。

単純に大学の授業料をタダにしちゃうと、得するのは高所得者層。ゆえに大学の授業料無償化というのはむしろ悪で、貧困層が幅広く受け取れる奨学金を創設することで、シングルマザーの子どもが大学に行けるようになる方向ですね。これは、効果が見込める策だと思います」

二〇二〇年四月から、国は高等教育を受ける子どもに授業料等の免除・減額や給付型の奨学金を受けられる制度を創設したが、対象は住民税非課税世帯など非常に限られた層しか受給できないという、〝絵に描《か》いた餅〟を示した。初年度の対象者はわずか二七万二〇〇〇人。しかも、もちろん学費だけだ。

さらに、親の問題もある。親自身が中卒や高卒の場合、子どもに大学進学まで望まないケースもある。

「高校での進路指導も大きいと思います。私が途上国の教育に関わった際、費用対効果が高い教育手法は、ロールモデルを紹介することでした。自分に近い立場、たとえば同じシングルマザーの貧困家庭で育ったけれど、社会的に成功している人のケースなどを教える場というのは重要です。相対的貧困にあるシングルマザーの子どもでも、大学に行こうと思えるような教育を充実させるというのもセットじゃないと、その前段階で大学に行こうということにはならない」

今、定時制高校などで、同じ境遇で育ち、成功者となった人の講演などを積極的に行う例を聞く。それが、生徒に非常に大きな影響を与えるとも。だが、取材を通して見えてきたのは、貧困家庭の子どもたちが行くのはたいてい、課題集中校と言われるところで、中退率が高く、高校を卒業できるかどうかというところにいるという現状だった。

「塾などに行くことができない、シングルマザーの子どもたちの低学力という問題はありますね。不利な生育環境など、年々増えるハンディを持つ子どもたちに対して、優しい教育に変えていく必要があります。

わかりやすいのが少人数学級です。たとえば経済的に豊かで恵まれた地域の子どもは一学級に五〇人、六〇人詰め込んでも、そんなに影響は出ない。これに対して、厳しい地区の学校で一クラス三〇人は無理ですよ。一〇人でも学級崩壊します。このようなことが全く、日本の教育政策では考慮されていません。

貧困層の子どもに対して、優しい教育政策がもっともっとできるはずです。ここに取り組んでいけば、進路指導に辿り着かない子どもを減らすことができるはずです」

ＯＥＣＤの調査を見ても、先進国で最悪に近い子どもの相対的貧困率でありながら、高度経済成長期と同じような教育環境でいいわけがない。なぜに教育現場は、ここまで硬直しているのか。令和でありながら、昭和と同じ教育システムを採っているわけだ。

畠山さんはさらに続ける。

「母親のお腹に子どもが宿ったときから大学まで、本当は大学院まで行けるのがいいのですが、教育段階の間で各問題に取り組んで、かつ連携が取れたものにしていけば、かなり違ってくると思いますね。

普通教育の充実というのは、シングルマザーの問題に対して、時間はもちろんかかるけれど、他の方法より、実現の可能性がとても高いし、効果も上げられるんじゃないかなと思います。

残念ながら、今の政府にそれほど期待ができないので、教育水準を上げるというところから着手すべきだと思います。そのために奨学金や教育環境など、やれることはいろいろあるわけです。政府がなかなか変わらない以上、個人が変わるようにというのが教育ですから」

今の子育てに特有の問題とは

シングルマザーに限らず、今の子育てや、今の子どもに特有の問題というものはあるのだろうか。

「特有ということでいけば、子どもに関わる大人の数が減っているということがあります。シングルマザーの子どもの教育がより難しくなっているというのも、昔よりコミュニティーの結びつきが薄くなっていることもあると思います。

良《よ》し悪《あ》しはともかく、子どもに関わる大人の人数という目で見ると、コミュニティーの力が落ちているのがわかります」

ダブルワークをしなければならないシングルマザーも多いが、そうなると子どもは「夜の一人暮らし」を強いられる。畠山さんは、大きくうなずく。

「そういう子どもや母親を支えることができる、コミュニティーの強化ができるかどうか。今の世代特有の問題かと思います」

そういえば、課題集中校の取材で明らかになったのは、親と教師以外の大人と出会うことのない生徒たちの姿だった。彼らはひとり親の子どもたちが多かった。子どもが育つ環境にいつの間にか、「地域」が消えていた。

「親と先生以外の大人、とりわけ信頼できる大人といかに出会うか。どのようなコミュニティーを、どう復活させていくのかが、重要な課題だと思いますね。自分の専門から外れるのですが、コミュニティーの強化はできるものなのかどうか、ですね」

全国で今、課題集中校など大変な家庭環境の生徒たちが多い高校で、〈校内居場所カフェ〉ができている。学外のNPO法人などが高校側と協力して週に一回、校内にカフェを作る。飲み物とお菓子を提供し、そこにさまざまな大人がボランティアとして関わることで、親と教師しか知らない生徒たちがいろいろな大人と出会い、さまざまな人生のロールモデルを知るわけだ。と同時に、いろいろな文化資本も体験でき、かつ、悩みを打ち明けることができる大人と出会う場にもなっている。

こうした試みが、もっと広まってくれればと、現場を取材して切に思った。

「それは知りませんでした。そのようなケアアップできる場が作られ、そこに予算がつくのであれば、確かにコミュニティーの力は復活させることができるかもしれないですね」

ここで、畠山さんへの質問は最後となった。

聞きたいのは、シングルマザーが人間らしく生きることができる、モデルとなる国はどこかということだ。

迷うことなく、畠山さんは言いきった。

「北欧ですね。基本的に、不利な背景を背負った人が生きやすいのは北欧だと思います」

不利な背景を背負った人が、生きやすい……。日本は何と、遠いところにいるのだろう。日本のシングルマザーの多くが、離婚したことを負い目に感じているのは事実だ。でもそれは、少しもあなたのせいではないのだ。負い目を感じるほど生きにくいのは、この国の社会そのものの有り様と、国の制度にあるのだ。

国際比較を通し、はっきりと見えてきたことだった。

おわりに

季節も違う。時間帯も違う。そうであっても私は、その椅子に腰をかけてみたかった。目の前には交通量の多い甲州街道、上には首都高。行き交う車の騒音の中、そのバス停はひっそりと佇《たたず》んでいた。周囲にはマンションや飲食店が建ち並び、目の前にあるクリーニング店のガラスの扉には、可愛らしい羊がにっこりと微笑《ほほえ》んでいる。

東京都渋谷区、「幡《はた》ヶ《が》谷《や》原町《はらまち》バス停」——二〇二〇年一一月一六日、大林三佐子さん（六四歳）が、命を落とした場所だった。

高くて小さくて冷たい、とても残酷な椅子だった。奥行きは二〇センチほど、座るというより腰をかけるだけ。背中はプラスチックの透明板にもたれかかることができるが、ベンチの真ん中には仕切りがあり、横になることはできない。

この狭くて小さな椅子で、大林さんは一人、夜を過ごした。終バスが出た二三時過ぎに、キャリーケースを引いてここにやってきて、椅子に腰をかけ夜明けを待ったという。気温は一〇度、いくらセーターを重ね着しても、身体に滲《し》み入る冷気を防ぐことはできなかっただろう。そうして夜の終わりが見えてきた頃、「邪魔だ」という理由で突然、男に石とペットボトルが入った袋で頭を殴られ、生涯を終えた。

所持金は八円、携帯電話を持っていたが、八ヶ月前に契約は切れていたという。

事件が報道されるや、「彼女は、私だ」という声がSNSなどで拡散、多くの女性たちが渋谷の路上に集い、大林さんの死を悼んだ。

彼女は、私だ——。

なぜ、女性たちはこう叫ばねばならなかったのか。それは大林さんの死があまりにも、隣りあわせのものだからだ。シングル女性にとっても、子育てを終えたシングルマザーにとっても。

報道で少しずつ、明らかになった大林さんの人生。それは決して、特殊でも特別なものでもなく、ましてや〝キリギリス〟でもない。

大林さんは短大卒業後に上京、劇団に所属して舞台やミュージカルに出演するなど、役者になりたいという夢があった。

二七歳で結婚したが、夫の暴力により一年で離婚。それがどれほどの心の傷となったのか明らかではないが、以降、舞台に戻ることはなく、さまざまな職を転々とした。ただ彼女が三〇代だった八〇年代は、ほぼ正規社員として仕事ができていたはずだ。四〇代になった頃には、非正規の仕事にしか就けなくなっていた可能性はある。

そして一〇年前、五〇代になった大林さんは、スーパーなどで試食販売の仕事をするようになる。もはや、非正規の仕事しか手にできない時代。それでも同僚だった女性は、大林さんが生き生きと仕事をしていた姿をしっかりと記憶する。明るく、若々しい人だったと。

「試食販売」はプロモーション会社に登録し、仕事があれば、指定された場所へ赴き行う仕事だ。行き先はさまざまで、扱う商品もその日によって違う。それでも、仕事があればいい。なければ、収入はゼロ。何の保障もないばかりか、派遣労働者のように権利を保護する労働者派遣法などの法律もない、「業務委託」という働き方だ。

東京、埼玉、神奈川と毎日違うスーパーに出向き、七時間半から八時間ほど立ちっぱなしで、手にする対価は、七〇〇〇円から七五〇〇円ほど。

この仕事で杉並区のアパートを維持するには、どれほど爪に火を点すような生活を強いられたことだっただろう。綱渡りのような生活はやがて、破綻する。四年前、六〇歳になった大林さんは、アパートの家賃を滞納したことで退去せざるを得なくなる。ここで、住居を失うのだ。

以後、仕事場にキャリーケースを持ち込む姿が目撃されるようになり、ネットカフェで寝泊まりしていた様子がうかがえた。

それでもまだ、仕事があればいい。いくばくかの日銭を、手にすることができるのだ。せめて週四でも働くことができれば、食料と屋根のある場所で身体を横たえることはできる。

しかしコロナが、大林さんの命綱である仕事を奪う。コロナ感染拡大と同時に、スーパーから試食販売が一斉に消えた。

携帯電話の契約が二〇二〇年三月で切れたことが、コロナが大林さんの生活を直撃したことを物語る。ネットカフェに泊まるお金もなくなり、辿り着いた場所が「幡ヶ谷原町」バス停だった。

ウエストポーチには母親がいる施設と、弟の電話番号が書かれたカードがあったというが、大林さんは助けを求めようとはしなかった。生活保護の申請もしていない。

バス停近くの住人は、大林さんの存在に気づいていた。いつも小綺麗にしていた、二四時過ぎに何かを食べていた、女性が一人で危ないのではないか……、心配していた人もいたし、声をかけ、あたたかい飲み物を渡そうとした人もいた。

しかし、大林さんは一切、助けを求めようとはしなかった。ついに所持金八円となった夜、大林さんはどんな未来を、いや、どんな明日を思っていたのだろう。

多くのシングル女性、そして子育てを終えてシングルとなったシングルマザーたちは、大林さんに「そう遠くない未来」を見る。

「崖っぷち」なのだ。

今はかろうじて、仕事をして暮らすことができている。アパートの家賃も光熱費も払うことができている。飢えずに、食べることができている。しかし、何か一つ歯車が狂ったら……。

それは大林さんのように仕事を失うことか、病気になることか、ほんの小さなことで、生活が根底から崩れ落ちることを私たちはひしひしと感じている。

男性から扶養されていない女性に対して、この国はかくも残酷だ。「崖っぷち」は、意図的に作られたものなのだ。「自業自得だ」「自己責任だ」「自助が基本」と、ありとあらゆる言葉を投げつけ、私たちシングル女性をこの国は、崖っぷちに追い込んでいる。

その理不尽極まるカラクリを、本書では丁寧に追ったつもりだ。時に、怒りに打ち震えながら。文章が感情的になってしまったことを自覚するが、そこには止《や》むに止まれぬ理由もあった。

コロナ禍を生きる

本書に登場したシングルマザーたちは、コロナ禍をどのように生きているのだろう。

ゴルフ場のキャディーをしている水野敦子さん（現・五八歳）は、コロナによりゴルフ場自体が閉鎖となり収入が途絶えたため、国の持続化給付金を申請、当座の生活費を手にすることはできた。

敦子さんにとって大きかったのは、二〇二〇年夏、無事に自己破産が認められたことだ。ここまで時間がかかったのは、自己破産という現実をなかなか受け止められなかったことと、破産管財人に払わなければならない費用の二〇万円を作れなかったからだ。水野さん側の弁護士費用二〇万円は法テラスの立て替え制度を利用し、毎月五〇〇〇円ずつの返済で済んだが、管財費用はそうはいかない。二〇万円というまとまったお金を用意することは、かなり難しかったと言う。

「申し立てから三年、かかりました。破産管財人の弁護士事務所で、通帳のお金の流れなどをすべて聞かれ、その三ヶ月後に裁判が開かれ、法廷は一〇分ほどで終わりました」

裁判長は、最後に水野さんにこう言った。

「すべては、不安定な収入と教育費ですね」

それで終わりだった。あっけないほどの幕切れ。敦子さんは今、自己破産をしてよかったと心から思う。

「クレジットカードが使えないなど不便はありますが、返済から解放されたことで、収入だけでやりくりするという堅実な生活ができるようになりました。子ども二人も独立し、一人暮らしですから、何とかなっています。公営住宅に住んでいるのも大きいと思います」

ただし、コロナ感染の見通しが不透明な今、キャディーの仕事がどれだけ増えるのかはいまだ読めない。

「老後なんてないですね。だから、元気でいないと。最後まで働くしかないと思っています」

指圧師として、女性対象のサロンを経営している川口有紗さん（現・五六歳）は二〇二〇年二月初旬、借りていた自宅マンションを引き払い、両親が暮らす実家へ転居することとなった。一八歳で家を出て以来だから、四〇年ぶりの親との同居だ。

「両親が八九歳ですから、完全に介護要員としての同居です。姉は家庭があるし、私は一人者で、子どもたちもみんな独立しているから、私しかいないだろうと。姉はもちろん、娘からも『ママが行かなかったら、誰が行くの？』って。正直なところ、『何で？』って思ったけれど、罪悪感のようなものもあり、同居を決めました」

ただ、そのままマンションに住んでいたら、コロナ禍の直撃を受け、家賃を払えない現実が待っていた。コロナで客足はピタッと途絶えたからだ。収入の道が断たれた有紗さんは、国の持続化給付金と自治体の協力金を申請して何とかしのいだ。

親との同居で思い知ったのは、一人で介護を担うことの大変さだった。

「母親は要介護2で、認知症が進んでいて、ベッドが糞便《ふんべん》まみれになっているし、抱きかかえてトイレに連れて行かないといけないし。文句を言う認知症の症状もあり、私は怒鳴られてばかり」

両親はその後、施設に入所したが、要介護4の父は、九〇歳を迎え「家で死にたい」と帰宅を希望している。有紗さんは痛切に思う。

「介護職の人たちの感覚は、『見守りがあれば、生活できますよ』。それって、家に専業主婦など介護専属の家族がいる発想なの。高齢化社会になっても、いまだに〝家族ありき〟。だから、仕事を辞めないと無理だと思った。親の介護って」

仕事を辞めれば収入が途絶え、有紗さん自身の老後が危うい。

「介護のために仕事を辞めたら、私がこれから生きられない。老後の貯金なんてないし」

会社員だった父親の年金と専業主婦の母の年金を合わせても、二人の施設代には及ばない。その年金額も毎年、目減りしている。親の貯金で補塡しているが、その貯金も「九〇歳まで生きると、本当に残っていない」のが現実だ。

「母子家庭として、やっと子育てが終わったと思ったら、次は親の介護。子育てを終えたシングルマザーって、介護要員として白羽の矢を立てられやすい。だって、一人だから。それで介護が終わったら、今度は自分が介護される立場になるのかなあ」

有紗さんは昨年、子どもへの負担を軽くできるよう、自分が要介護2になったら五〇〇万円が下りる保険に入ったという。今は使える介護サービスをできる限り使い、仕事を続ける方策を模索中だ。

「死ぬまで働くしかないね。死ぬまで現役って、合言葉だね」

宅配便ドライバーの森田葉子さん（現・五〇歳）は、コロナによる巣ごもり需要で、二〇二〇年三月以降、仕事の量が急増。降って湧いたような配達依頼に、目まぐるしく対応する日々となった。

「時給は変わらないのに、仕事の量は二倍から三倍になった感じ。今までは余裕を持って仕事ができていたのに、もう、アップアップ」

六月に、会社から臨時のボーナスが支給された。雇用形態や労働時間によって異なるが、葉子さんは四万三〇〇〇円を手にした。

「支給はこの一回だけで、労働量だけが増えている。週末は疲れてしまって、何もできない」

今年はじめに息子夫婦に子どもが生まれ、葉子さんは四九歳という若さで祖母になった。お宮参りの写真を見せてもらったが、赤ちゃんの横にはちゃんと、元夫の姿もあった。

「孫のいろいろな行事にも、いつも彼は参加しているよ。うれしいことだからね」

普段はポーカーフェイスの葉子さんに、自然と笑みが浮かぶ。

「女の子なのに、息子の赤ちゃんのときと同じ顔をしているの。本当に、よく似ているなーって笑っちゃう」

孫の成長を楽しむという喜びをもらえたことは、手放しでうれしい。これでもう、息子のことは心配ない。あとは、これからの自分だ。

「この仕事をあと、どれだけ続けていけるのか。六〇歳になっても、できるのか、一〇年後がわからない。そしてその後に、自分にどんな仕事ができるのか、それすら、さっぱりわからない」

四～五年前から会社がパートやアルバイトに社会保険を負担するようになったとはいえ、間違いなく、年金だけでは暮らせないことを、葉子さんは自覚している。


セックスワーカーとして息子を育て、難関私立高校に合格させた大野真希さん（現・四二歳）は二〇二〇年、コロナ感染を恐れ、仕事を控えることにした。その代わり、「緊急小口資金」を活用したという。

「基本、貸付なのですが、収入がなかったら返さなくてもいいもので、一ヶ月二〇万円を四ヶ月間はもらえます。高校の学費は、コロナになったことで学校が給付型の奨学金を作ったので、これを利用しました」

貯金を取り崩しながら、使える制度を利用してやりくりしていたが、今年、息子が医学部へ進学したことで状況は一変した。学費が年に四〇〇万円、これが六年間かかるのだ。

「国立に入ってくれればよかったのに」と言いながら、息子の医学部進学は真希さんにとってどれだけうれしく、誇りであることか、生き生きとした表情が物語る。

さて、学費問題をどうするか。真希さんは思いきった行動に出た。

「給付型の国の奨学金にも制限があって、満額で二五〇万円にしかならない。毎年、一五〇万ほど足りなくなるので、養育費支払いの手続きを裁判所に申し立てました。いろいろ面倒だったのですが、申し立てが通り、今は夫だった人の給料の半分を、雇用先がこちらに振り込んでくれています」

離婚時、養育費の支払いを公正証書にしていたから可能だったことではあるが、夫の住民票や戸籍附票の取得など面倒な手続きをクリアし、この権利を真希さんは獲得、元夫は公立高校でサッカーの外部コーチをしているため、学校の経理部から真希さんの口座に毎月、一〇万円が振り込まれることとなった。ボーナス時には三〇万円の振り込みもあった。

加えて、息子がいくつかの給付型奨学金に申し込んでいるので、それが通れば毎年の学費問題は解決する。

真希さんは今、イベント関連の派遣会社に登録し、時節柄、ワクチン接種の大規模会場で仕事をしている。

「時給が一二〇〇円で、一二時間ぐらい働くと一日一万五〇〇〇円ぐらいになるんです。デリヘルで一本もつかなかったらゼロ円ですし、一本ならワクチン接種会場で稼いだ金額と一緒。今は二本なんてつかないから、デリヘルに行っても意味がないかなと思っています。個人的に連絡を取っているお客さんとは仕事を続けるかもしれないけど、お店を通しては、もういいかもですね」

まさにコロナによって、人生の転機が訪れたわけだ。

「風俗を辞めるときって〝卒業〟というか、お金持ちと再婚して『おめでとう』とか、そういう形でない限り、辞めないと思っていたけど、意外と、こんなよくわからない形で辞めるものなのですね」

将来は〝ミニマリスト〟になって、郊外の家賃の安い場所で最低限の生活ができればいい。息子に養ってもらおうとは思っていない。

「年に何億円でも稼ぐなら、遠慮なくぶら下がろうと思いますが、それは難しいから。その頃はきっとスナックも復活しているだろうし、スナックで月一五万円ぐらい稼げば、何とかやっていけるんじゃないかと思うんです。年金が無理なのは、はっきりしているので」

これまでの人生で最も辛かったのは、育児だったと真希さん。

「子どもが小さい頃の育児があまりに辛過ぎて、だから、これからどんなに辛いことがあっても、それよりは絶対にマシだなと思うので、多分、私、耐えられるなって思っています」

製菓メーカーの事務員として働く小林尚美さん（現・五五歳）は、正規職員ゆえ、コロナによる収入面での変化はなかったものの、発達障害など生きづらさを抱える二人の息子を、一人で育てていくことの大変さに呻吟《しんぎん》する日々だ。

二〇二〇年春、二人の息子は大学生と高校生になったが、緊急事態宣言で休校となり、日中も家にいることとなった。

「もともと片付けとかできない子たちなので、仕事から帰ってくると、家がとんでもなく汚くて……。買い物も、夜の七時頃にスーパーに行くと、何も残っていない。子どもはいるけど、買い物の手伝いなんてしない。家族だけが基盤となると、孤独をより感じました。子どもたちはゲームばかりで、話し相手にならないし」

二年前、ネット依存だった次男は中三になっても昼夜逆転で不登校状態だったが、担任の熱心な働きかけで、年末から受験勉強に取り組み、不登校経験者に配慮のある全日制高校に、クラスで一番の成績で合格した。

通学に不便な高校で、尚美さんも主治医も心配したが、「大学に行きたい」という意気込みで高校生活を頑張ったものの、六月、「もう、行けないー!」と絶叫した翌日から、ひきこもった。

「短期間のうちに、頑張り過ぎたんだと思います。私は半狂乱になるぐらい思い詰めて、相談に行くなどいろいろしていたのですが、本人が殻の中に閉じこもって、もう外の声が雑音にしか聞こえないのだとわかりました」

担任も家庭訪問をして働きかけてくれたが、二〇二一年二月、次年度の学費の支払いのこともあり、高一での中退を決めた。

「今はずっと家にいて、もうゲームにのめり込むことはなく、むしろ気持ちが落ち込んで、うつだと言い始めています。『自分は潰された』と家庭環境のせいにして、『おまえのせいだ』と私に言ってくることもありました」

一方、私立の進学高に通う長男は四つの大学に合格、私立大学の生物系学科に進んだ。授業料は、四年間で六二〇万円。ある程度は尚美さんが払ったが、すべてを賄うことは無理なので、奨学金を使うこととなった。

「日本学生支援機構の奨学金ですが、保証人を二人、立てることができなくて、『機関保証』という、連帯保証人を立てずに申し込みができるものにしました。これって、保証料が毎月天引きされて支給されるから、額が減るんです。シングルだとなかなか、保証人になってくれる人を見つけるってできないですよね。だから、機関保証しかなかったんです」

国の給付型奨学金にも申し込み、支給が決まった。

「応募のときに、発達障害の障害者手帳や診断書を出したので、そういう配慮があったのかもしれません。ただ、これって、成績が全体の二分の一以下になると支給が止まる制度で、今年の四月に、長男に『警告』が来たんです」

その「警告」にはこう書かれてあった。

「次のいずれかの場合には、『警告』を行い、それを連続で受けた者には奨学金の支給及び授業料減免が打ちきられます。

修得単位数が標準の六割の場合（……）」

打ちきりを阻止するには、長男に勉強を頑張ってもらうしかない。だが、長男はサラリと言う。

「興味ない勉強は全然入ってこないし、全くやる気がないから。奨学金のために頑張るって、そういう感覚ってないし」

これが長男の特性なのだ。なぜに、国は給付型の奨学金にこのような縛りをあえて入れたのか。いかにも、お上の発想だ。出すからには、ちゃんとしろと。すべての科目を均等に勉強することができない学生は、尚美さんの長男に限ったことではない。いつ打ちきられてしまうのか、尚美さんの心労は増すばかりだ。

最近、次男が「ハムスターを飼いたい」と言い出し、飼い出してからは落ち着いているという。尚美さんに対して激昂《げきこう》することもなくなり、部屋まで運ぶ食事はきちんと食べるようになった。

「本人は、『今は、時間潰しなんだ。一番ラクなのは、寝てるとき』と言いました。いつになるかわかりませんが、動けるチャンスが来ると思うので、今はまだ、無理をして動く時期ではないと見守ろうと思います」

尚美さんは次男の退学を決めたとき、担任から言われた言葉が忘れられない。

「お母さん、私たち頑張りましたよ。あの子のこと、待ちましたよね。だから、お母さんもちょっと息抜きして、趣味とか好きなことを見つけてくださいね」

その通りだと思う。楽しんで生きることこそ、人生だ。尚美さんにはもっと、自分のために生きて欲しいと願わずにいられない。

コロナ後、目指すべき社会とは

シングルマザーを、その社会はどのように見ているか。

ここに、その社会が女性というものをどのような存在として捉えているか、その本質が現れると本書で何度も指摘した。

日本のシングルマザーは世界で一番働いているのに、世界一の貧困率に喘いでいる。この事実にこそ、いかにこの国が、歪んだ女性観の下に形作られていることかと思う。

「『母子世帯の発生』を抑えることも、重視」

二〇二一年五月一三日、「沖縄タイムス」紙などのインタビューに答えた、河野《こうの》太郎沖縄担当相（当時）の言葉だ。沖縄の子どもの貧困率の高さについて、一〇代の妊娠率の高さを挙げた際、こう語ったのだ。

母子家庭はまるで災害か、あってはならないもののような扱いだ。自民党政権にとっては、これが正直な思いなのだろう。女性とは彼らにとって、幼い頃は父に従い、結婚すれば夫に従い、老いては子（それも息子）に従うべき存在なのだ。

男性に扶養され、子どもを産み、家事と育児を担い、父母や義父母、夫の介護要員としての「役割」を果たせば、女性は存在価値があることになる。だから「第3号被保険者」制度を創設し、手厚い遺族年金（今は、大企業の幹部クラスの妻でないと手厚いとは言えないようだが）も用意した。

ここに、興味深い論考がある。東京都立大学教授の阿部彩さんが「女性の貧困」（webマガジン「せかいしそう」）というテーマで論じた中に、「中年・高齢女性の貧困が問題にされないワケ」という視点があった。

現在、六五歳以上の高齢女性の貧困率が、他の年齢層や男性の貧困率から突出して高いにもかかわらず、なぜ、問題とされないのか。

女性の貧困はなぜ、「貧困女子」といったように一〇代後半や二〇代という若い女性にのみ、スポットライトが当たるのか。高齢どころか、三〇代以上の女性の貧困についてさえ、社会的に関心が薄いのはなぜなのか。

この疑問に、阿部さんはこのように結論づけた。

「社会は、女性を『産む人』としか見ておらず、『人』としては見ていないのです」

ゆえに、「産むことができる年齢」の女性の貧困のみが、問題視されるのだ。かなりショッキングな指摘だった。

しかし、本書でこれまで見てきたシングルマザーへのこの国の眼差しからすれば、至極まともな結論だと言える。

なるほど、この国では女性を「人」として見ていないのだ。子どもを産む、家事をする、育児をする、介護をする、たまに家計補助的な仕事もするという「役割」でしか見ていない。国が望む「役割」から外れた女性は、はっきり言ってどうでもいいわけだ。

冒頭の大林さんの死は、まさにこの延長線上にあったのだ。


日本におけるひとり親世帯への支援は、もう化石化するのではと思われるほど、就労支援一辺倒である事実を本書で見てきた。すでに九割近くの母親が働いているのに、もっともっと働けと国は迫る。その結果、ひとり親世帯から奪われるのは育児の時間だ。

シングルマザーは子どもをケアする存在なのだという視点が、この国のひとり親政策にすっぽり抜けていることは、本書で何度も指摘した。そうではなく、なぜ、そこまで働かなくても、貧困に陥らないで済む政策に転換できないのだろう。

韓国のひとり親政策は、日本のものより遥か前へと進んでいた。養育費立て替え制度や、シングルマザーが元気になれるような支援ばかりか、国民全体がひとり親家庭を理解する理解教育も社会全体で進んでいた。日本のシングルマザーは韓国で子育てをした方が、ずっと人間らしく生きることができるのではと思うほど。

そして、フランスだ。〈社会の子ども〉という哲学のもと、教育費の無料化はもちろん、社会全体で子どもを育むシステムができているだけでなく、シングルマザーには人生を楽しむための支援が行われていた。

なぜ、日本はこの二つの国の「当たり前」から、これほど遠いところにいるのだろう。こうなって欲しいと思うのは、あまりにも高望み過ぎる願いなのか。

そうではないと強く思う。


コロナ後、私たちは元の社会に戻るだけでいいのだろうか。「自助」を根本に据え、すべてを「自己責任」に帰する社会になど、私は戻りたいとは思わない。

真の意味で、多様な人が共生できて多様性を認めあえる社会、競争ではなく、相互扶助を基本とする社会を望みたい。

シングルマザーが誇りを持って生きることができる社会、たとえ、ひとり親でも子育てを楽しみ、子どもとのびやかに生きることができる社会こそ、当たり前の社会の姿なのではないだろうか。そして、子育てを終えた後は、自分の人生を楽しめる日々が待っているのだ。

それは、女性が「人」として、生きることができる社会だ。私たち女性はシングルでなくとも、「人」としてこの社会には存在していないわけだから。

子育てを終えたシングルマザーの現実から、この国の本質がくっきりと炙り出されたことを今、改めて思う。これを決して、是としてはならないことも。

最後に、辛い過去そして今を、ありのままに語ってくださったシングルマザーの皆さんに、心よりお礼を申し上げたい。それぞれの方との出会いがあったからこそ、本書は生まれた。出会いでしか得られない有意義な時間こそ、非常に貴重なものなのだと思わずにはいられない。

お互い、これからも、励ましあって生きていければと心から思う。

今、改めて、果たして私は、年下の女性たちに、エールのバトンをつないできたのかと思う。長男が年長の女性たちのおかげでこの世に生を享《う》け、成長できたように。せめて本書が、そのバトンとなってくれれば幸いだ。

行き着く先は決して「貧困」ではなく、「豊かな時間」にしていくための一助となることを願い、本書を終えたい。

二〇二一年一一月

黒川祥子

参考文献

『子づれシングルの社会学　貧困・被差別・生きづらさ』（神原文子、晃洋書房、二〇二〇年三月）
『子づれシングル　ひとり親家族の自立と社会的支援』（神原文子、明石書店、二〇一〇年五月）
『下層化する女性たち　労働と家庭からの排除と貧困』（編著　小杉礼子・宮本みち子、勁草書房、二〇一五年八月）
『日本、韓国、フランスのひとり親家族の不安定さのリスクと幸せ　リスク回避の新しい社会システム』（近藤理恵、学文社、二〇一三年九月）
『世界の子どもの貧困対策と福祉関連QOL　日本、韓国、イギリス、アメリカ、ドイツ』（監修　黒木保博、編著　中嶋和夫・近藤理恵、学文社、二〇一八年三月）
『シングルマザーの暮らしと福祉政策　日本・アメリカ・デンマーク・韓国の比較調査』（編著　杉本貴代栄・森田明美、ミネルヴァ書房、二〇〇九年四月）
『養育費政策にみる国家と家族　母子世帯の社会学』（下夷美幸、勁草書房、二〇〇八年一〇月）
『女性労働研究　第60号　生きる場の再構築　家族、仕事とそのリスク』（女性労働問題研究会、発売　すいれん舎、二〇一六年三月）
「女たちの21世紀　特集　女性の貧困　何が見えなくしてきたのか?」（第五七号、アジア女性資料センター、二〇〇九年三月）
「生活協同組合研究　特集　女性と子どもの貧困　『子どもの貧困』の背景にある経済格差」（第五〇一号、

生協総合研究所、二〇一七年一〇月）
「大原社会問題研究所雑誌　特集 ひとり親家族支援政策の国際比較」（第七四六号、法政大学大原社会問題研究所、発売 法政大学出版局、二〇二〇年一二月）
「ひとり親家族にみる社会的排除、複合差別、および、社会的支援に関する日韓の比較研究」（日本学術振興会科学研究費助成事業、神原文子、二〇一七年四月）
「ひとり親家族を生活主体とする支援のあり方に関する日韓共同研究」（日本学術振興科学研究費助成事業、神原文子、二〇二〇年三月）
「現代における寡婦（夫）控除制度の存在意義」（久岡靖恵、企業法研究の序曲Ⅷ、二〇二〇年四月）
「配偶者控除についての一考察」（北村美由姫、二〇〇八年）
「日本における子供の貧困を人的資本投資、共同親権の側面から考察する」「〝ひとり親世帯〟の貧困緩和策　ＯＥＣＤ諸国との比較から特徴を捉える」（畠山勝太、ウェブサイト「ＳＹＮＯＤＯＳ」掲載、二〇一七年三月一四日、四月一〇日）

撮影（表紙・扉）／葛西亜理沙

黒川祥子（くろかわ　しょうこ）

ノンフィクション作家。福島県生まれ。東京女子大学文理学部卒業後、弁護士秘書、ヤクルトレディ、業界紙記者などを経てフリーランスとなり、事件や家族の問題を中心に執筆活動を行っている。二〇一三年、『誕生日を知らない女の子　虐待――その後の子どもたち』で第一一回開高健ノンフィクション賞受賞。その他の著書に『県立！再チャレンジ高校』（講談社現代新書）、『８０５０問題』『心の除染』（集英社文庫）など。

シングルマザー、その後《ご》

二〇二一年一二月二二日　第一刷発行　　集英社新書一〇九五N

著者……黒川祥子《くろかわしょうこ》
発行者……樋口尚也
発行所……株式会社集英社
東京都千代田区一ッ橋二‐五‐一〇　郵便番号一〇一‐八〇五〇
電話　〇三‐三二三〇‐六三九一（編集部）
〇三‐三二三〇‐六〇八〇（読者係）
〇三‐三二三〇‐六三九三（販売部）書店専用

装幀……新井千佳子（MOTHER）
印刷所……凸版印刷株式会社
製本所……加藤製本株式会社

定価はカバーに表示してあります。

ISBN 978-4-08-721195-5 C0236　Printed in Japan

a pilot of wisdom

ヴィジュアル版――V

直筆で読む「坊っちゃん」　夏目漱石
奇想の江戸挿絵　辻　惟雄
神と仏の道を歩く　神仏霊場会編
百鬼夜行絵巻の謎　小松和彦
世界遺産　神々の眠る「熊野」を歩く　植島啓司　写真・鈴木理策
藤田嗣治　手しごとの家　林　洋子
澁澤龍彦　ドラコニア・ワールド　澁澤龍子・編　沢渡朔・写真
フランス革命の肖像　佐藤賢一
完全版　広重の富士　赤坂治績
ＯＮＥ　ＰＩＥＣＥ　ＳＴＲＯＮＧ　ＷＯＲＤＳ［上巻］　尾田栄一郎　解説・内田　樹
ＯＮＥ　ＰＩＥＣＥ　ＳＴＲＯＮＧ　ＷＯＲＤＳ［下巻］　尾田栄一郎　解説・内田　樹
天才アラーキー　写真ノ愛・情　荒木経惟
藤田嗣治　本のしごと　林　洋子
ジョジョの奇妙な名言集Ｐａｒｔ１～３　荒木飛呂彦　解説・中条省平
ジョジョの奇妙な名言集Ｐａｒｔ４～８　荒木飛呂彦
ロスト・モダン・トウキョウ　生田　誠
ＮＡＲＵＴＯ名言集　絆―ＫＩＺＵＮＡ―天ノ巻　岸本斉史　解説・伊藤　剛
ＮＡＲＵＴＯ名言集　絆―ＫＩＺＵＮＡ―地ノ巻　岸本斉史　解説・F・トゥルモンド
グラビア美少女の時代　細野晋司ほか
ウィーン楽友協会　二〇〇年の輝き　オットー・ビーバ　イングリード・フックス
ＯＮＥ　ＰＩＥＣＥ　ＳＴＲＯＮＧ　ＷＯＲＤＳ　２　尾田栄一郎　解説・内田　樹
伊勢神宮　式年遷宮と祈り　石川　梵　監修・河合真如
るろうに剣心―明治剣客浪漫譚―語録　和月伸宏　解説・甲野善紀
美女の一瞬　金子達仁　写真・小林紀晴
ニッポン景観論　アレックス・カー
放浪の聖画家ピロスマニ　はらだたけひで
吾輩は猫画家である　ルイス・ウェイン伝　南條竹則
伊勢神宮とは何か　植島啓司
野生動物カメラマン　岩合光昭
ライオンはとてつもなく不味い　山形　豪
サハラ砂漠　塩の道をゆく　片平　孝
反抗と祈りの日本画　中村正義の世界　大塚信一
藤田嗣治　手紙の森へ　林　洋子

a pilot of wisdom

決断のとき——トモダチ作戦と涙の基金　小泉純一郎　取材・構成 常井健一
公文書問題 日本の「闇」の核心　瀬畑 源
大統領を裁く国 アメリカ　矢部 武
国体論 菊と星条旗　白井 聡
広告が憲法を殺す日　本間 龍／南部義典
よみがえる戦時体制 治安体制の歴史と現在　荻野富士夫
権力と新聞の大問題　望月衣塑子／マーティン・ファクラー
「改憲」の論点　木村草太／青井未帆 ほか
保守と大東亜戦争　中島岳志
富山は日本のスウェーデン　井手英策
スノーデン 監視大国 日本を語る　エドワード・スノーデン／国谷裕子 ほか
「働き方改革」の嘘　久原 穏
国権と民権　佐高 信／早野 透
限界の現代史　内藤正典
除染と国家 21世紀最悪の公共事業　日野行介
安倍政治 100のファクトチェック　南 彰／望月衣塑子
「通貨」の正体　浜 矩子

隠された奴隷制　植村邦彦
未来への大分岐　マルクス・ガブリエル／マイケル・ハート／ポール・メイソン／斎藤幸平・編
「国連式」世界で戦う仕事術　滝澤三郎
国家と記録 政府はなぜ公文書を隠すのか？　瀬畑 源
水道、再び公営化！ 欧州・水の闘いから日本が学ぶこと　岸本聡子
改訂版 著作権とは何か 文化と創造のゆくえ　福井健策
朝鮮半島と日本の未来　姜 尚中
人新世の「資本論」　斎藤幸平
国対委員長　辻元清美
アフリカ 人類の未来を握る大陸　別府正一郎
〈全条項分析〉日米地位協定の真実　松竹伸幸
日本再生のための「プランB」　兪 炳匡
新世界秩序と日本の未来　内田 樹／姜 尚中
世界大麻経済戦争　矢部 武
中国共産党帝国とウイグル　橋爪大三郎／中田 考
ジャーナリズムの役割は空気を壊すこと　森 達也／望月衣塑子
代表制民主主義はなぜ失敗したのか　藤井達夫

集英社新書　好評既刊

社会——B

ジャーナリストはなぜ「戦場」へ行くのか　危険地報道を考えるジャーナリストの会・編
医療再生　日本とアメリカの現場から　大木隆生
ブームをつくる　人がみずから動く仕組み　殿村美樹
「18歳選挙権」で社会はどう変わるか　林大介
3.11後の叛乱　反原連・しばき隊・SEALDs　笠井潔／野間易通
「戦後80年」はあるのか　――「本と新聞の大学」講義録　一色清／姜尚中 ほか
非モテの品格　男にとって「弱さ」とは何か　杉田俊介
「イスラム国」はテロの元凶ではない　川上泰徳
日本人　失格　田村淳
たとえ世界が終わっても　その先の日本を生きる君たちへ　橋本治
あなたの隣の放射能汚染ゴミ　まさのあつこ
マンションは日本人を幸せにするか　榊淳司
敗者の想像力　加藤典洋
人間の居場所　田原牧
いとも優雅な意地悪の教本　橋本治
世界のタブー　阿門禮
明治維新150年を考える　――「本と新聞の大学」講義録　一色清／姜尚中 ほか
「富士そば」は、なぜアルバイトにボーナスを出すのか　丹道夫
男と女の理不尽な愉しみ　林真理子／壇蜜
欲望する「ことば」　「社会記号」とマーケティング　嶋浩一郎／松井剛
ぼくたちはこの国をこんなふうに愛することに決めた　高橋源一郎
ペンの力　浅田次郎／吉岡忍
「東北のハワイ」は、なぜV字回復したのか　スパリゾートハワイアンズの奇跡　清水一利
村の酒屋を復活させる　田沢ワイン村の挑戦　玉村豊男
デジタル・ポピュリズム　操作される世論と民主主義　福田直子
戦後と災後の間――溶融するメディアと社会　吉見俊哉
「定年後」はお寺が居場所　星野哲
ルポ　漂流する民主主義　真鍋弘樹
ルポ　ひきこもり未満　池上正樹
中国人のこころ　「ことば」からみる思考と感覚　小野秀樹
わかりやすさの罠　池上流「知る力」の鍛え方　池上彰
メディアは誰のものか　――「本と新聞の大学」講義録　一色清／姜尚中 ほか
京大的アホがなぜ必要か　酒井敏

a pilot of wisdom

天井のない監獄 ガザの声を聴け！　清田明宏
限界のタワーマンション　榊淳司
日本人は「やめる練習」がたりてない　野本響子
俺たちはどう生きるか　大竹まこと
「他者」の起源 ノーベル賞作家のハーバード連続講演録　トニ・モリスン
言い訳 関東芸人はなぜM-1で勝てないのか　ナイツ 塙宣之
自己検証・危険地報道　安田純平ほか
都市は文化《アート》でよみがえる　大林剛郎
「言葉」が暴走する時代の処世術　太田光 山極寿一
性風俗シングルマザー　坂爪真吾
美意識の値段　山口桂
ストライキ2.0 ブラック企業と闘う武器　今野晴貴
香港デモ戦記　小川善照
ことばの危機 大学入試改革・教育政策を問う　東京大学文学部広報委員会・編
国家と移民 外国人労働者と日本の未来　鳥井一平
LGBTとハラスメント　神谷悠一 松岡宗嗣
変われ！東京 自由で、ゆるくて、閉じない都市　隈研吾 清野由美

東京裏返し 社会学的街歩きガイド　吉見俊哉
人に寄り添う防災　片田敏孝
プロパガンダ戦争 分断される世界とメディア　内藤正典
イミダス 現代の視点2021　イミダス編集部・編
中国法「依法治国」の公法と私法　小口彦太
福島が沈黙した日 原発事故と甲状腺被ばく　榊原崇仁
女性差別はどう作られてきたか　中村敏子
原子力の精神史——〈核〉と日本の現在地　山本昭宏
ヘイトスピーチと対抗報道　角南圭祐
世界の凋落を見つめて クロニクル2011-2020　四方田犬彦
「自由」の危機 ——息苦しさの正体　藤原辰史 内田樹ほか
「非モテ」からはじめる男性学　西井開
妊娠・出産をめぐるスピリチュアリティ　橋迫瑞穂
マジョリティ男性にとってまっとうさとは何か　杉田俊介
書物と貨幣の五千年史　永田希
インド残酷物語 世界一たくましい民　池亀彩
シンプル思考　里崎智也

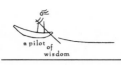

ポストコロナの生命哲学
福岡伸一／伊藤亜紗／藤原辰史　1085-C
ロゴス（論理）中心のシステムが破綻した社会で、私たちの生きる拠り所となりうる「生命哲学」を問う。

ルポ　森のようちえん　SDGs時代の子育てスタイル
おおたとしまさ　1086-N〈ノンフィクション〉
自然の中で子どもたちを育てる通称「森のようちえん」。あらゆる能力を伸ばす、その教育方法の秘密を探る。

安倍晋三と菅直人　非常事態のリーダーシップ
尾中香尚里　1087-A
国難に対して安倍晋三と菅直人はどう対処したのか。比較・記録を通して、あるべきリーダーシップを検証。

宇宙はなぜ物質でできているのか　素粒子の謎とKEKの挑戦
小林　誠　編著　1088-G
KEK（高エネルギー加速器研究機構）を支えた研究者が、驚きに満ちた実験の最前線と未解決の謎を解説。

EPICソニーとその時代
スージー鈴木　1089-F
八〇年代の音楽シーンを席捲した「EPICソニー」の名曲を分析する。佐野元春ロングインタビュー収録。

ジャーナリズムの役割は空気を壊すこと
森　達也／望月衣塑子　1090-A
安倍・菅時代のメディア状況を総括し、「空気」の壊し方やジャーナリズムの復活の方途を語りあう。

インド残酷物語　世界一たくましい民
池亀　彩　1091-B
残酷なカースト制度や理不尽な格差社会でもひるまず生きる人々の強さに、気鋭の社会人類学者が迫る。

コロナとWHO　感染症対策の「司令塔」は機能したか
笹沢教一　1092-I
WHOは新型コロナウイルスに対して的確な対応をとってきたのか。様々な施策を緻密に検証する。

シンプル思考
里崎智也　1093-B
第一回WBCで日本代表の正捕手を務めた著者が、迷わず決断し行動するために必要な思考法を説く。

代表制民主主義はなぜ失敗したのか
藤井達夫　1094-A
ポピュリズムが席捲する中、民主主義はどこへ向かうのか。政治理論を基に様々な可能性を検証する。

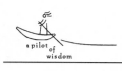